L'Agent judiciaire de l'État au Maroc

Histoire et Perspectives méditerranéennes

Dans le cadre de cette collection, créée en 1985, les Éditions L'Harmattan se proposent de publier un ensemble de travaux concernant le monde méditerranéen des origines à nos jours.

Dernières parutions

Azelarab QORCHI, *Le clap et l'écran. Ecrits sur le cinéma marocain*, 2025.
Naouel NESSARK, *Regards sur l'architecture religieuse à Alger. De l'époque coloniale à nos jours,* 2024.
Sofia TABARI, *L'histoire du jardin et du paysage, Entre fantasmes et sciences dans la pensée islamique, Alger au fil du temps*, 2024.
Zoulal MANSOURI & Nabila BENNAGHMOUCH, *Les défis de la déperdition étudiante dans les universités marocaines,* 2024.
Ghazi BEN AHMED, *Échos de Tunisie : populisme, transition et espoirs de démocratie*, 2024.
Nafie ABDERRAHIM, *Le patrimoine communal et le développement économique et social au Maroc*, 2024.
Sultan CETINKAYA TAHTACI, *Les récits des ghaza chez les Ottomans du XVe siècle*, 2024.
Frédéric MEDARD, *Fabriquer du consentement en guerre d'Algérie La politique sociale en faveur du contingent, 1954-1962, Tome 1, Assurances sociales, emplois, soldes et permissions*, 2024.
Frédéric MEDARD, *Fabriquer du consentement en guerre d'Algérie La politique sociale en faveur du contingent, 1954-1962, Tome 2, Exemptions, sursis, réformes et mesures diverses*, 2024.
Nacer KHELOUZ, *L'Algérie et la France ou la fracture identitaire, Du drame colonial à la « reconquête » territoriale*, 2024.
Salim CHENA, Abdennour BENANTAR et Louisa DRIS-AÏT HAMADOUCHE (dir.), *Le hirak algérien. Retour sur un mouvement contestataire inédit*, 2024.
Mohamed BENZEMRANE, *L'Islam des troubadours. Les origines arabo-musulmanes de l'amour courtois, XIe-XIIe siècles,* 2023.
Sofiane BOUHDIBA, *Le sida en Tunisie. Un mal méconnu*, 2023.

Mohamed Harakat

L'Agent Judiciaire De l'Etat au Maroc

Projet d'appui au renforcement
des capacités institutionnelles
et stratégiques

Préface de M. DRISSI ALAMI MACHICHI

L'Harmattan

Du même auteur

«Economie politique et gouvernance», ouvrage collectif, s/d, REMA n° 52-53, 2022-2023

«Géopolitique et géoéconomie marocaines en Afrique», s/d, L'Harmattan, Paris, 2022

«Economie politique de la fragilité et de la gouvernance en Afrique», s/d, L'Harmattan, Paris, 2021

«La nouvelle diplomatie économique en Afrique : paradigmes et modèles», L'Harmattan, Paris, 2020

«Les finances publiques et la réforme de l'État :le cas du Maroc», L'Harmattan, Paris, 2020

«Les études d'impact et politques publiques au Maroc», s/d, L'Harmattan, Paris, 2020

«La gouvernance des finances publiques en Afrique», s/d, L'Harmattan, Paris, 2019

«Les paradoxes de la gouvernance de l'État dans les pays arabes», L'Harmattan, Paris, 2015.

5-7, rue de l'École-Polytechnique – 75005 Paris
www.editions-harmattan.fr
ISBN : 978-2-336-48166-1
EAN : 9782336481661

« Mon Dieu, donne –moi le courage de changer les choses que je peux changer, la sérénité d'accepter celles que je ne peux pas changer et la sagesse de distinguer entre les deux ».

Prière de Marc Aurèle, Empereur romain
(161-181 après J.C)

« Chaque science, chaque étude, a son jargon inintelligible, qui semble n'être inventé que pour en défendre les approches ».

Voltaire

PRÉFACE

Le livre publié par le professeur Mohamed HARAKAT sous le titre de « L'agent judiciaire de l'Etat du Maroc » fait suite à un nombre important d'études du même auteur sur la gouvernance dans plusieurs domaines. Il se distingue par un intérêt particulier dans la mesure où il porte sur une application concrète de la notion de bonne gouvernance à une institution essentielle pour la protection des deniers de l'Etat à travers l'assistance qu'elle lui apporte devant les tribunaux judiciaires à la fois en tant que défenseur et demandeur.

Il s'agit bien d'une étude assez compréhensive de l'institution à travers son historique sous le protectorat français et son évolution depuis l'indépendance du pays. Elle met en relief ses mérites et ses faiblesses dans un contexte de réforme du droit et de modernisation des institutions. Sur ce dernier plan, elle met l'accent sur la stratégie d'une révision globale de l'agence judiciaire du Royaume. Elle insiste ainsi sur la nécessité de réviser son rang institutionnel, de rationaliser son organisation interne, l'amélioration de ses ressources humaines et matérielles et ses rapports avec les autres institutions ayant des missions du même genre. Bref, elle constitue un véritable audit ou rapport technique professionnel qui interpelle les pouvoirs publics à porter plus d'attention à l'Agence.

En effet, le livre présenté est enrichi par un grand nombre d'informations et de citations de documents juridiques et professionnels, appuyé par des chiffres et des tableaux multiples et des propositions pertinentes.

Par ailleurs, il apporte des hypothèses et une méthodologie d'analyse des risques dans le processus de la consolidation des capacités institutionnelles et stratégiques de l'institution à la lumière d'un diagnostic pertinent de son état actuel avant de s'arrêter sur les orientations stratégiques et les leviers d'un renouvellement de l'Agence et de sa mission.

Force alors est de souhaiter que le travail de M. HARAKAT trouve un écho positif auprès de qui de droit et qu'il soit utilement exploité par ceux qui s'intéressent à la protection équitable des deniers de l'Etat et de ses adversaires judiciaires.

M. DRISSI ALAMI MACHICHI

Ancien ministre de la Justice

Professeur émérite à l'Université Mohammed V - Rabat

INTRODUCTION

Le droit comparé des expériences étrangères en matière de la gouvernance des contentieux de l'Etat nous éclaire la diversité des appellations et des statuts des institutions qui s'en sont chargées.

Plusieurs modèles peuvent être cités, en dépit de la différence de leurs appellations ou dénominations. Dans la majorité des cas leur dénominateur commun se distingue par l'attribution des missions de représentation de l'Etat et de sa défense judiciaire devant les tribunaux à une instance spécifique. La différence entre ces diverses instances réside principalement dans le poids et le degré de positionnement institutionnel qui leur sont accordés parmi les grands corps de l'Etat.

A titre d'illustration, on peut avancer six (6) modèles spécifiques :

- organisme judiciaire constitutionnel (Egypte) ;
- attachement au Ministère de la Justice (Espagne) ;
- attachement au Premier ministre (Italie) ;
- réseau des services juridiques (Angleterre) ;
- ministère des Finances (France) ;
- ministère de l'Economie et des Finances (Maroc).

Une réflexion scientifique originale mérite d'être entamée dans les autres pays africains pour dégager les spécificités de leurs modèles d'agence judicaire de l'Etat considérant le rôle stratégique de cette institution dans une période de crise dans le processus de la protection équitable des deniers de l'Etat et de ses adversaires judiciaires.

Au Maroc, en raison de l'héritage historique, le législateur durant le protectorat français a rattaché l'Agence Judiciaire du Royaume (AJR) au Ministère des Finances, conformément à l'article 1 du Dahir de 1953 portant réorganisation de l'Agence qui dispose que l'Agent judiciaire est « *placé sous l'autorité du Directeur des Finances* ».

En fait, l'AJR est créée par le dahir du 07 janvier 1928[1] comme il a été modifié et complété par le dahir du 18 décembre 1935[2] et le dahir du 16 mars 1938[3]. Au cours de l'année 1953 les fonctions de l'Agent Judiciaire du Royaume ont été réorganisées par le Dahir du 02 mars 1953[4].

En fait, la gouvernance de l'Etat, de la justice et de l'Administration est toujours à l'ordre du jour. En vertu de la loi, l'Agence Judiciaire du Royaume se trouve au carrefour du paysage judicaire et administratif. Elle est l'organisme de défense des intérêts de l'Etat, de l'entreprise et des citoyens. Elle jouit d'une compétence d'ordre public. L'Agent judiciaire devrait être présent dans toutes les procédures civiles, administratives, commerciales et pénales. Il a le monopole de la représentation de l'Etat devant les juridictions judiciaires dans les contentieux dont l'issue pourrait avoir une répercussion financière sur le budget de l'Etat[5].

Ce qui représente en 2021, 19.170 affaires en provenance des tribunaux, des services du chef de gouvernement et des différentes administrations publiques. La répartition de ces affaires représente 57% du total des nouvelles affaires notifiées à l'AJR suivi du contentieux judiciaire (38%) et des affaires réglées à l'amiable (5%).

L'institution est assistée dans ses tâches par un réseau d'avocats chargés de représenter l'AJE dans toute procédure contentieuse dans laquelle l'AJE est en demande ou en défense nécessitant une présence constante aux sièges des tribunaux situés en zone en dehors de la zone de Rabat.

A cet effet ,1417 notes d'honoraires ont été traitées en 2021, soit un coût de 3,6 millions de DH auxquelles il s'agit d'ajouter 24 autres notes concernant la procédure d'arbitrage international pour un coût total de 49,5

---

[1] Bulletin officiel n°794, 10 janvier 1928.

[2] Bulletin officiel 1216, 14 février 1936.

[3] Bulletin officiel n°1332, 6 mai 1938.

[4] Bulletin officiel n°2109, 23 mars 1953, p.444.

[5] Sous réserve de certains textes qui ont confié la qualité de la représentation des intérêts de l'Etat en justice et partant de sa défense judiciaire à d'autres administrations (Equipement, domaine de l'Etat, Eaux et forêts, Habous et Affaires islamiques, Impôts). Et sous réserve de la décision du ministre de l'Intérieur relative à la création et la nomination en 2020 de l'Agent Judiciaire des Collectivités Territoriales.

millions de dirhams. En contrepartie les montants économisés par l'AJR selon les divers types de tribunaux entre 2017 et 2021 ne dépassent pas 3.331.608.279 DH.

Ainsi, en dépit de son poids et sa place stratégique dans le paysage juridico-administratif l'AJR demeure méconnue au sein de l'opinion publique. Et peu d'études lui ont été consacrées.

L'objectif de ce modeste travail consiste selon une approche pluridisciplinaire, pragmatique et comparée à traiter :

- La formation historique et la pratique de la gouvernance stratégique et ses leviers de changement et de réinvention à la lumière du droit comparé et sur la base des nouvelles approches et des hypothèses d'analyse des risques dans le processus de la consolidation des capacités institutionnelles et stratégiques de l'institution.
- L'état des lieux de l'organisation, du fonctionnement, la portée, l'étendue des contentieux gérés par ce personnage et ses pouvoirs pouvant transiger l'exécution des décisions de justice dans le cadre de ses interventions à l'amiable et ce tout en dressant le bilan de ses réalisations et les limites de sa performance et sa gouvernance.
- Les principales orientations stratégiques et les leviers de réinvention et de l'action de l'AJR.

Ainsi **ce** livre sera subdivisé en trois (3) parties :

- **Première partie** : Formation historique, hypothèses et méthodologie d'analyse des risques dans le processus de la consolidation des capacités institutionnelles et stratégiques de l'AJR
- **Deuxième partie** Etat des lieux de l'AJR : missions, organisation et fonctionnement

- **Troisième partie** : Orientations stratégiques et leviers de réinvention et d'action.

PREMIERE PARTIE

FORMATION HISTORIQUE, HYPOTHESES ET METHODOLOGIE D'ANALYSE DES RISQUES DANS LE PROCESSUS DE LA CONSOLIDATION DES CAPACITES INSTITUTIONNELLES ET STRATEGIQUES DE L'AJR

Formation historique, attributions et missions de l'Agence Judiciaire du Royaume (AJR)

Il s'agit historiquement d'une adaptation ou d'une transposition au Maroc du protectorat de l'esprit du décret remontant au 21 juillet 1790, portant création en France (il y'a maintenant plus de 233 ans) de l'Agent judiciaire du Trésor.

De l'agent judiciaire du Trésor à l'agent judiciaire de l'Etat en France

A titre de comparaison, c'est en 2012 que l'Agent judiciaire du Trésor en France, prend la nouvelle appellation d'Agent judiciaire de l'Etat (AJE).

La fonction d'Agent judiciaire du Trésor est exercée, depuis 1998, par le directeur des affaires juridiques des ministères économiques et financiers. Il avait historiquement une double mission[6] : la représentation de l'Etat devant les tribunaux judiciaires et le recouvrement des créances de l'Etat. Cette seconde mission a été transférée aux comptables du Trésor par le décret n° 92-1369 du 29 décembre 1992[7].

La nouvelle appellation d'AJE introduite en 2012, traduit donc la réalité des fonctions de l'Agent judiciaire de l'Etat au XXIe siècle : représenter l'ensemble des services de l'Etat devant les juridictions de l'ordre judiciaire.

Ainsi, en vertu du décret n°2012-985 du 23 août 2012 « l'Agent judiciaire de l'Etat » est devenu le représentant de l'Etat devant toutes les juridictions civiles ou commerciales pour les causes qui restent étrangères à l'Impôt et au Domaine. Toute action portée devant les tribunaux

[6] L'Agent judiciaire de l'Etat, Ministère de l'économie et des finances, 2012, p.5

[7] Depuis 1993 à 2012, l'Agent judiciaire du Trésor a donc pour unique fonction de représenter l'Etat devant les juridictions judiciaires, conformément à l'article 38 de la loi n° 55-366 du 3 avril 1955 disposant que « *toute action portée devant les tribunaux de l'ordre judiciaire et tendant à faire déclarer l'Etat créancier ou débiteur pour des causes étrangères à l'impôt et au domaine doit, sauf exception prévue par la loi, être intentée à peine de nullité par ou contre l'agent judiciaire du Trésor public* ».

judiciaires et tendant à faire déclarer l'Etat créancier ou débiteur pour des causes étrangères à l'Impôt ou aux Domaines doit être intentée à peine de nullité par ou contre l'AJE.

La nouvelle dénomination permet aussi de mettre fin à la confusion récurrente des citoyens et de nombre de juridictions entre l'AGE et le Trésor public, source de contentieux inutiles. Et elle permet également de recentrer l'agent judiciaire sur la réalité de ses nouvelles fonctions en tant que représentant de tous les services de l'Etat devant les juridictions de l'ordre judiciaire.

Ce changement s'inscrit également dans le cadre de la modernisation des procédures et des structures de l'AJE. Ses attributions sont d'ordre public.

Pour s'acquitter de ses multiples tâches l'AJE dispose d'un mandat légal de représentation en justice, mais il peut aussi se faire représenter devant chaque Cour d'appel et ou devant chaque tribunal judiciaire par des avocats (suite à des appels d'offre) nommés par arrêté du ministre du budget. Ces avocats sont chargés de suivre, d'après les instructions de l'AJE, les instances auxquelles l'Etat est partie.

Cette constatation est fondamentale et idoine permettant de servir tout projet de réforme approprié de l'institution au Maroc.

Organisation et missions de l'AJR entre intuitu personae et institution

La mission de compétence d'ordre public assignée à l'Agent Judiciaire est exercée en vertu du Dahir de 1953. Il est désigné en considération de sa personne et non de l'institution de son appartenance. C'est à dire qu'il est Intuitu Personae. Il est le seul valable. C'est une condition qui détermine la validité de l'intervention. Cette situation juridique est problématique pour les cadres de l'AJR qui doivent toujours être munis d'une délégation de signature préalablement à l'exercice des missions de représentation juridique de l'Etat et sa défense devant les tribunaux, ce qui entrainera parfois un retard dans son obtention.

De surcroît, ce même texte comprend plusieurs dénominations officielles telles que "le directeur financier" et " le conseiller juridique de la protection" qui sont devenues obsolètes.

Au Maroc, à l'instar de l'expérience française et en vertu de la loi de 1953, l'AJR est placée sous l'autorité du ministère des Finances. Elle est chargée de :

- poursuivre le recouvrement des débets de l'Etat des offices et des établissements publics. Cette mission de recouvrement a été transférée au trésorier général du Royaume, suite à la circulaire n ° 1306 -IGF du ministre des Finances, publiée en 1970, sans que les dispositions du dahir susvisé ne soient modifiées ;

- poursuivre en justice, au lieu et place des chefs d'administration et directeurs compétents et, lorsque ceux- ci l'en chargent, la reconnaissance et la liquidation des créances de l'Etat. La même prescription a été reprise par l'article 514 du code de procédure civile. ;

- représenter en justice comme défendeur, l'Etat, les offices et établissements publics ;

- être appelée à déclarer d'irrecevabilité de la requête lorsque l'Etat ou l'une de ses administrations (offices et établissements publics) est débiteur dans une matière étrangère à l'impôt et au domaine ;

- apurer les débets et les créances prises en charge et le poursuivi jusqu'à opposition par la partie intéressée devant la juridiction compétente au moyen d'un état de liquidation décerné par les services publics concernés et rendu exécutoire par le ministère des finances ou le fonctionnaire délégué.

L'intervention de l'AJR soit comme demandeur, soit comme défendeur touche en pratique généralement tous les domaines d'activité des administrations publiques. Sa mission consiste, selon la loi relative à sa création, à :

- assurer le recours en annulation pour excès de pouvoir formulés contre les décisions administratives devant les tribunaux administratifs et la Cour de Cassation ;

- assumer la responsabilité de la puissance publique basée sur les articles 79, 80 et 85 bis du Dahir des Obligations et Contrats dans tous les domaines (médical, accidents causés par les véhicules de l'État non assurés, accidents scolaires, défaut d'entretien d'ouvrages publics, maintien de l'ordre, réquisitions, etc.) ;

- assumer la responsabilité contractuelle des personnes morales de droit public (litiges afférents aux contrats administratifs et non administratifs, notamment les marchés publics et les contrats de loyer, les litiges à caractère social, les litiges nés de l'application des textes relatifs aux pensions, au capital-décès, aux indemnités, etc.) ;

- mener les actions intentées par l'AJR au nom des administrations pour la revendication d'un droit (recours contre le tiers responsable, l'évacuation de logements administratifs, l'application de la loi sur la propriété artistique, la constitution de partie civile, etc.) ;

- traiter des avis de poursuite, la présentation de plaintes, la défense des fonctionnaires, etc. ;

- être au courant de toutes les actions ayant pour objet de déclarer l'Etat débiteur ou ses Administrations, ses Offices et Etablissements Publics.

Il est à souligner également que les poursuites pénales engagées contre les magistrats et les fonctionnaires publics, doivent être également portées à la connaissance de l'AJR (article 3 du code de procédure pénale).

Ainsi, toute condamnation de ces personnes pour des faits ayant un rapport avec leurs fonctions donne le droit à la partie lésée de réclamer à l'Etat la réparation du préjudice subi, d'où l'intérêt d'assurer la défense des fonctionnaires poursuivis devant le juge pénal.

En outre, le tiers responsable de l'infirmité ou du décès occasionné à un fonctionnaire civil ou militaire est tenu, en vertu des lois instituant les régimes de pensions civiles et militaires, d'informer l'AJR de l'action intentée à son encontre par la victime ou ses ayants droit.

Dans ce cas c'est l'AJR qui se chargera de présenter la réclamation de l'Etat à ce sujet[8].

[8] Conformément à l'article 28 du 30/12/1971 sur les pensions civiles et à l'article 32 de la loi du 30/12/1971 sur les pensions militaires.

L'AJR et la défense de l'Etat : une compétence d'ordre public

Il s'ensuit donc qu'en application des dispositions législatives l'AJR devrait être présente dans toutes les procédures civiles, administratives, commerciales et pénales dont l'issue pourrait avoir une répercussion financière sur le budget de l'Etat.

Par ailleurs, l'article 515 du code de procédure civile promulgué par le Dahir n° 1.74.447 du 11 Ramadan 1394 (28 septembre 1974) tel que modifié et complété, a prévu de son côté, que les procès sont intentés contre :

- l'Etat, en la personne du Chef du gouvernement à charge par lui de se faire représenter par le ministre compétent s'il y a lieu ;
- le Trésor, en la personne du trésorier général du Royaume ;
- les collectivités territoriales, en la personne du gouverneur en ce qui concerne les préfectures et provinces et en la personne du président du conseil communal en ce qui concerne les communes [9];
- les établissements publics, en la personne de leur représentant légal.

Toutefois, et indépendamment de ces dispositions, certains textes juridiques particuliers ont confié la qualité de la représentation des intérêts de l'Etat en justice, et partant, de sa défense judiciaire, à d'autres administrations. C'est le cas pour :

- le ministre de l'équipement, en ce qui concerne le Domaine Public de l'Etat ;
- le directeur des domaines de l'Etat, pour le Domaine Privé de l'Etat ;
- le haut-commissaire des Eaux et Forêts, s'agissant des Eaux et Forêts ;
- le ministre des Habous et des Affaires Islamiques, pour les Habous ;
- le directeur général des impôts, en matière d'impôts.

A ces attributions juridiques s'ajoutent d'autres missions extrajudiciaires résidant notamment dans les actions suivantes :

---

[9] Sous réserve de la décision du ministre de l'intérieur n°1551 relatives à la création et à la nomination de l'Agent judiciaire des collectivités territoriales (AJCT), BO n°6899 du 13 juillet 2020 et la circulaire du chef de gouvernement n° 10-2021 du 16 mai 2021 relative à la concertation sur le contentieux administratif.

- les travaux du comité de contentieux ;

- les procédures de règlements amiables de litiges ;

- les études juridiques, la réponse aux demandes d'avis émanant des administrations ;

- les études portant sur les projets et propositions de lois, etc.

Ainsi, considérant la multiplicité des administrations en charge de la défense judiciaire de l'Etat, de ses missions de défense de la légalité, la Constitution marocaine a instauré un ensemble de droits au profit des justiciables, dont le droit à une justice efficace et efficiente.

L'article 120 de la constitution de 2011 dispose que : « *toute personne a droit à un procès équitable et à un jugement rendu dans un délai raisonnable. Les droits de la défense sont garantis devant toutes les juridictions* ».

Considérant également l'afflux des dossiers de recours et de litige en face des moyens limités dont dispose l'AJR dans un moment de réforme juridique et judiciaire celle-ci est appelée à réinventer ses structures et à consolider ses actions et sa gouvernance.

Selon le rapport annuel des activités de 2021, l'AJR a reçu 19.170 affaires en provenance des tribunaux, des services du Chef du gouvernement ou des différents partenaires telles que les administrations publiques.

La répartition de ces affaires par type de contentieux, montre que le contentieux administratif représente 57% du total des nouvelles affaires notifiées à l'AJR, suivi du contentieux judiciaire (38%), et des affaires réglées à l'amiable (5%).

Bref, en raison de l'héritage historique résultant de certaines attributions initiales mises à sa charge, le législateur l'a rattachée au Ministère des Finances. Or comme l'a fait remarquer la Cour des comptes *« Si l'on prend en compte la diversité, la complexité des affaires en contentieux où l'Agence représente l'Etat (affaires administratives, civiles, pénales ...) et la présence en permanence de cette instance dans les tribunaux afin de défendre les intérêts des différentes administrations publiques, on peut considérer que son positionnement actuel au sein de l'administration comme Direction au sein du Ministère des Finances ne la qualifie pas pour exercer convenablement une mission aussi sensible que la défense de l'Etat »*[10].

Eléments d'appui à la consolidation des capacités institutionnelles, stratégiques et humaines de l'AJR

A la lumière tant des principes de la gouvernance stratégique que de la nouvelle organisation judiciaire du Royaume, la réforme de l'AJR et celle des collectivités territoriales (AJCT) devrait répondre aux impératifs de la sécurité de la justice et de la bonne qualité des services rendus tant aux citoyens qu'à l'Etat dans le processus de la gestion préventive des contentieux judiciaires.

1- Impératifs de développement de la qualité des services et de bonne pratique de gouvernance stratégique de l'AJR

En dépit des réalisations accomplies par l'AJR, de multiples efforts devraient être initiés en matière de développement de ses capacités stratégiques et organisationnelles pour répondre aux impératifs de la qualité des services rendus, à la légalité et aux bonnes pratiques de gouvernance de performance et de transparence des contentieux de l'Etat, à savoir notamment :

- la réforme du cadre juridique d'action en vue d'assurer une institutionnalisation plus élevée de l'AJR ;
- la restructuration interne des activités de l'AJR par le biais de création de nouvelles structures de prospective de veille et d'évaluation continue des risques ;
- le renforcement du statut du personnel chargé de représenter l'AJR devant les divers tribunaux ;
- la régionalisation de l'AJR auprès des tribunaux dans les 12 régions à la lumière de la nouvelle carte judiciaire du Royaume ;

[10] Rapport de la cour des comptes sur l'année 2015 portant sur l'évaluation de la gestion du contentieux de l'Etat.

- la nécessaire coordination de l'AJR avec l'AJCT et des administrations partenaires (TGR, Direction des Impôts, Douanes, Domaines de l'Etat, Equipement, Eau et forêt) ;

- la formation et la motivation des ressources humaines mises à la disposition de l'AJR ;

- la dotation de l'AJR des moyens budgétaires et financiers nécessaires à l'accomplissement de ses missions juridiques et extra-juridiques très sensibles et complexes ;

- la sensibilisation de l'administration des organismes concernés de la protection des intérêts de l'Etat, des citoyens et de l'entreprise (apport de la justice à la promotion de l'investissement et à l'édification d'une doctrine juridique et judicaire et d'une législation de qualité) ;

- l'évaluation des coûts de la gouvernance en matière des honoraires des avocats pour une meilleure transparence dans sa gestion (liste des cabinets d'avocats attachés à l'AJR et à l'AJCT en termes de présence, d'expertise, de spécialisation et de performance et de critères d'octroi des honoraires) ;

- la modernisation de la gestion des dossiers contentieux ;

- le renforcement des activités de prévention des risques juridiques ;

- le renforcement du règlement amiable des litiges ;

- la consolidation des pratiques professionnelles d'arbitrage commercial (doctrine, expériences étrangères, droit comparé) ;

- l'ouverture sur l'université et la recherche scientifique ;

- la diffusion de la jurisprudence administrative, pénale et d'arbitrage commercial ;

- la consolidation du système des TIC considérant son apport à l'amélioration et à la transparence de la gestion des contentieux de l'Etat. (Enrichissement et sécurité du site).

2- De la gouvernance stratégique de l'AJR

La gouvernance stratégique de l'AJR constitue une approche intégrative globale. Elle est la porte d'entrée officielle vers la performance de la justice, le respect des droits de l'homme, l'incarnation des valeurs d'équité, ainsi que le développement diplomatique de l'arbitrage commercial permettant de soutenir, d'attirer les investissements étrangers, de promouvoir la confiance et, en dernier lieu d'instaurer la stabilité sociale.

L'opérationnalisation de la gouvernance stratégique judiciaire de l'AJR nous fournit les démarches et les outils suivants :

- contrôler la coordination de la planification stratégique et de l'organisation par la création des structures internes d'évaluation des risques qui seront chargées de diagnostiquer les contraintes stratégiques et organisationnelles caractérisant le travail de l'AJR afin de définir clairement les objectifs, les structures, les procédures et les moyens d'action au sein de l'organisation ;
- examiner le système de TIC (fonctionnement, performance et risques) ;
- faire l'état des lieux du système de ressources humaines et des motivations matérielles, statutaires des acteurs ;
- évaluer le fonctionnement quotidien de l'organisation des partenaires de l'AJR (services juridiques au sein des administrations opérationnelles, administration judiciaire, auxiliaires de la justice, avocats, formation des magistrats) ;
- apprécier la performance de l'organisation, par le biais de création des structures d'audit interne, de suivi et d'évaluation ;
- définir clairement les tâches et les responsabilités des différents intervenants.

Il est question d'évaluer les forces, les déficits, les contraintes de l'administration marocaine et du système juridique et judiciaire dans sa globalité et leurs impacts dans la défense des intérêts de l'Etat et des particuliers et qui entravent l'atteinte de l'efficience, de l'efficacité et de la performance au sein du corps judiciaire (formation, sensibilisation, qualification des acteurs : magistrats, officiers de police judiciaire, avocats, notaires, etc.), considérant également le soutien apporté à la recherche scientifique judiciaire (droit comparé, organisations internationales d'arbitrage commercial, doctrine, acquisition du savoir juridique, apprentissage des langues étrangères, amélioration de la qualité des jugements).

Un tel management stratégique et institutionnel permet de faire l'état d'organisation du système juridique et judiciaire et de son fonctionnement (description des tâches, termes de référence, qualification requise pour occuper des postes de responsabilité, incompatibilité, contrôle interne et évaluation des risques des fonctions judiciaires).

3- Stratégies, leviers de changement et de réinvention

La gouvernance stratégique de l'AJR et de l'AJCT constitue, en fait, un grand projet d'innovation au service de la sécurité de la justice (légalité et performance) et de la réforme de l'Administration dans toute sa globalité au Maroc.

Une telle réforme nécessite de repenser et de réinventer les actions d'intervention des deux agences pour satisfaire une demande sociétale croissante, au niveau national, régional et local tout en s'alignant sur les bonnes pratiques internationales de la gouvernance stratégique des contentieux et des règlements des différends de l'Etat (Nations Unies CNUDCI, PNUD, OCDE, OMC, Groupe arabe des organes judiciaires de l'Etat) en favorisant la création de véritable justice au service des citoyens favorisant la défense des intérêts de l'Etat, l'équité, la légalité, la conciliation, la performance et le développement de l'Etat du droit .

Cette stratégie devrait se traduire sur le plan pratique par :

- l'amélioration des procédures de traitement des dossiers du contentieux par la mise en place d'une base de données alimentée d'informations fiables internes et externes exploitables à travers des outils décisionnels ;
- la rationalisation des coûts de la gouvernance (indemnisation, honoraire des avocats, coût des procédures en temps et en argent, etc.)
- des tableaux de bord exhaustifs pour le support de l'équipe de pilotage de l'AJR en matière de conception, de prise de décision de suivi et d'évaluation ;
- une meilleure adaptation et renforcement des prestations fournis par l'AJR au service du développement socioéconomique du pays ;
- une évolution des moyens de défense de l'État à travers l'amélioration de la qualité des prestations offertes aux partenaires ;

- une plus grande célérité et de transparence dans le traitement des dossiers de contentieux ;

- une meilleure gestion des ressources matérielles et financières mises à la disposition de l'AJR.

Les leviers du changement sont multiples : ils résident notamment dans les éléments suivants ;

1. L'instauration d'une gouvernance stratégique, en termes de leadership dynamique, collaboratif et proactif permettant de capitaliser les expériences acquises dans la gestion de la complexité par le biais de la mobilisation de toutes les parties prenantes[11] par la formation, la sensibilisation, l'adhésion au projet de changement ;
2. Le renforcement des capacités de management, de communication de l'équipe dirigeante (concevoir un nouvel organigramme rationnel et cohérent) ;
3. Le renforcement de l'efficacité des procédures et des actions ;
4. La consolidation des capacités de l'AJR afin de devenir un espace de concertation, de coordination, de partage du savoir et de bonne pratique de justice ;
5. Entreprendre une auto -évaluation (ascendante ou descendante) de l'AJR de la part des administrations fondée sur les sondages d'opinion et des enquêtes. Le but est de favoriser l'apprentissage de la complexité, la découverte des attentes des usagers comme acteur responsable et bénéficiaire principal du système de l'amélioration de la performance des prestations et services divers fournis.

En fait, l'assemblée générale des juridictions créée en vertu de la loi n°38-15 portant sur la nouvelle organisation judiciaire devrait contribuer à l'amélioration de la communication et la concertation entre les différents intervenants et partenaires de l'AJR. Celle-ci devrait développer des programmes de sensibilisation au service du processus de la réforme, à l'horizon de 2035, tel qu'il est fixé par le nouveau modèle de développement qui définit une ambition nationale tout en proposant un « chemin du changement crédible et réalisable » permettant de « *libérer les*

---

[11] Mohamed Harakat, L'évaluation du système juridique et judiciaire au Maroc, S/D, REMA n°4,2004.

énergies et restaurer la confiance pour accélérer la marche vers le progrès et la prospérité pour tous ».

Fondements et objectifs de l'étude

Ce modeste travail scientifique portant sur la gouvernance stratégique de l'AJR vise la consolidation des capacités par la valorisation du portefeuille des compétences des différents intervenants dans le système des contentieux de l'Etat.

Il est conçu sur la base des orientations déterminées par les hautes instructions royales, la constitution de 2011,et à la lumière des missions et objectifs stratégiques fixés par le Ministère de tutelle et des principes et règles régissant la loi organique des lois de finance de 2015 (constitution financière du Royaume) énonçant une série de nouveaux concepts de pilotage, de projet, d'action, de mission, d'objectif, de programmation triennale et pluriannuelle, de performance, d'indicateurs de performance de résultat, de responsabilité des gestionnaires, de reddition des comptes, d'audit et de transparence ainsi que les différents lois et règlements en vigueur régissant l'AJR.

Il tire sa substance de la pratique des accomplissements et de l'évaluation des forces et faiblesses.

Il se nourrit dans sa doctrine et ses principes fondamentaux des choix prioritaires du Nouveau Modèle de Développement[12], des rapports et recommandations des instances de gouvernance (droits de l'Homme, Cour des comptes, parquet général (2021), les nouveautés de la loi n° 38-15 sur la nouvelle organisation judiciaire du Royaume, entrée en vigueur le 15 janvier 2023) l[13] .

Cet ouvrage consiste à traduire en actions concrètes les priorités du programme gouvernemental (2021-2026)[14] en matière de développement

---

[12] Rapport général : *« libérer les énergies et restaurer la confiance pour accélérer la marche vers le progrès et la prospérité pour tous ». Avril 2021.*

[13] Loi n°38-15 portant sur la nouvelle organisation judicaire du Royaume du 30 juin 2022 .BO n° 7108 du 14/07/2022.

[14] Qui s'articule autour de cinq (5) principes primordiaux, à savoir :

- L'amélioration du choix démocratique ;
- L'institutionnalisation de la justice sociale ;

humain, de l'amélioration des choix démocratiques, de la justice sociale et la dignité des citoyens.

Dans cette optique trois leviers accélérateurs du changement seront identifiés et examinés en profondeur dans ce projet, à savoir :

1. La transformation intentionnelle et organisationnelle de l'AJR (en termes de restructuration, d'organisation et de répartition de tâche) ;
2. La performance du système ;
3. La transformation et l'effectivité numérique.

Il est basé également sur l'évaluation des *acquis, des réalisations et des expériences accumulées par l'AJR en matière de développement des services et prestations fournis aux usagers* en veillant à ce que les actions préconisées se dérouleront en conformité avec les politiques de convergence et les stratégies du développement du Maroc.

Bref, les nœuds systémiques et freins spécifiques au développement, selon le rapport du nouveau modèle de développement, sont multiples et complexes résidant notamment dans les facteurs spécifiques suivants :

1. La persistance dans l'administration d'une culture de la conformité plutôt qu'une culture de leadership et de la performance. Cette constatation est fondamentale. Car elle aura des effets négatifs sur la bonne marche des services de l'Etat dans la mesure où elle produit de la démotivation et dissuade la prise d'initiative et la production spontanée d'idées et de projets. En fait, note le rapport *« l'appauvrissement de l'administration en compétences ou leur faible mobilisation a rendu quasi systématique le recours à l'expertise externe pour l'élaboration des stratégies et des programmes de développement. Si ce recours peut être utile et pertinent, il aboutit parfois à une faible appropriation par les équipes de l'administration des solutions préconisées et peut donc constituer un frein à la bonne mise en œuvre ».*

2. La perception négative des citoyens et des opérateurs d'une justice considérée comme inefficiente. Cette situation psychologique est

---

- L'élargissement de la classe moyenne tout en favorisant son pouvoir d'achat et d'épargne ;
- Mettre le capital humain au centre de l'opérationnalisation du nouveau modèle de développement ;
- Axer les politiques publiques sur la dignité du citoyen.

suffisante pour contribuer à brider les énergies, malgré les réformes entamées pour garantir l'indépendance, l'efficacité et la fiabilité de la justice.

En l'occurrence, le système juridique et judicaire se heurte au risque d'insécurité et d'arbitraire et au manque de confiance (pesanteurs bureaucratiques, complexité des procédures, coût et nombre élevé d'autorisations, pénalisant l'initiative privée, considérant le décalage de certaines procédures avec les réalités de développement : délais longs, imprévisibilité des jugements, manque de compétence, déficit de transparence, manque de culture d'évaluation des politiques publiques, faible éthique et moralité)[15].

Le rapport précise, à cet effet, que *« des pratiques abusives, bien qu'elles soient isolées, ainsi que l'imprécision de certains textes de lois et leur déphasage avec les réalités et les pratiques, renforcent la perception des citoyens et des opérateurs quant au risque d'insécurité et d'arbitraire du système judiciaire. Les citoyens perçoivent certaines imprécisions comme des marges d'instrumentalisation de la loi, et y voient un facteur dissuasif contre l'exercice des libertés publiques et individuelles, limitant de ce fait l'expression et la participation des acteurs [16]».*

3. Le manque de cohérence verticale entre la vision de développement et les politiques publiques annoncées et la faible convergence horizontale entre ces politiques (absence d'une vision stratégique globale et à long terme, partagée et assumée par tous les acteurs de la gouvernance publique, réformes élaborées en silos, sans repères ou référentiels lisibles ne favorisent pas la cohérence d'ensemble autour de priorités compatibles avec les ressources réellement disponibles et les capacités effectives des acteurs)[17] .

4. Le flou qui entoure la répartition des rôles et des responsabilités entre les niveaux stratégique et exécutif affaiblissant la crédibilité des institutions (manque de clarté dans la répartition des rôles induit une

---

[15] Rapport général, p.38.
[16] Ibidem.
[17] Ibidem, p.35

certaine déresponsabilisation et attentisme des décideurs publics, la non-formalisation des processus de validation des politiques publiques).

« Ces pratiques, souligne le rapport, atteignent leur paroxysme lorsque l'action politique est menée par des coalitions de conjoncture, qui, n'étant pas fondées sur une vision et des objectifs partagés, génèrent des tensions récurrentes, des blocages et des lenteurs au sein de la majorité gouvernementale, en déphasage avec les attentes urgentes des citoyens et des opérateurs économiques[18] *».*

5. La lenteur de la transformation structurelle de l'économie freinée par la faible ouverture sur de nouveaux acteurs innovants et compétitifs. *« Ces freins sont associés à des coûts de facteurs de production non compétitifs et à un système de régulation peu efficient, mais aussi à des mécanismes d'incitation économique non optimisés qui réduisent la prise de risque, alimentent les logiques de rente dans les secteurs traditionnels et préservent des intérêts étroits, au détriment de l'intérêt général*[19] *».*

6. Le constat d'une économie en partie verrouillée, favorisant les intérêts installés et la préservation de rentes. Le rapport fait remarquer, à cet égard, que *« les insuffisances en matière de régulation de certains secteurs renforcent les postures oligopolistiques et les pratiques anti-concurrentielles, rendant l'entrée de nouveaux acteurs difficile. Les entrepreneurs témoignent être confrontés à des barrières indirectes, telles que les règlementations lourdes ou encore la collusion public-privé dans l'attribution d'autorisations ou dans l'accès à des ressources foncières ou financières. Le retard pris dans le traitement de situations d'abus de position dominante et d'entente pèse sur la transparence des marchés et nuit à la dynamique entrepreneuriale. L'environnement de la régulation des marchés des biens et des services au Maroc n'a pas été suffisamment outillé pour résorber ces pratiques notamment avec un Conseil de la Concurrence demeuré inactif entre 2013 et 2018 et ayant connu récemment des difficultés de cohésion interne qui pourraient mettre à l'épreuve sa crédibilité et sa capacité à conduire ses missions*[20] *».*

---

[18] Ibidem.p.36.

[19] Ibidem.

[20] Ibidem, pp.36 .37.

7. La préférence des opérateurs économiques pour les activités rentières et protégées. *« Le système incitatif n'encourage pas encore suffisamment les activités innovantes créatrices de davantage de valeur, ni les PME-PMI situées dans les territoires*[21] *»*.

Notre étude consiste à présenter dans cet environnement, à haut risque, sept (7) orientations stratégiques (pistes de progrès) dont la réussite dépend du degré d'implication des différents intervenants institutionnels dans le processus de la gouvernance des contentieux de l'Etat.

Méthodologie et hypothèses de diagnostic

La démarche de diagnostic

La démarche de diagnostic est basée sur les éléments suivants :

- faire l'état des lieux des composantes de l'AJR, en termes d'organisation, de structures, de moyens et de compétences ;

Investir les acquis et réalisations de l'AJR dans le domaine de la gestion des grands effectifs ;

- Examiner le système de pilotage en se référant aux expériences et modèles étrangers similaires de gouvernance de la justice tout en adoptant une approche de convergence des actions, selon des priorités stratégiques ;
- Évaluer le système d'information et de communication ;
- Évaluer le contrôle interne et les risques afférents à toutes les activités opérées par l'AJR qu'il s'agit de développer et d'apprécier dans ce projet pour assurer sa pérennité, sa performance et son excellence parmi les grands corps de l'Etat.

En fait, une évaluation préliminaire de l'état des lieux de l'AJR à la lumière des normes internationales et des bonnes pratiques de gouvernance nous permet de dégager les constatations suivantes :

- faible position administrative de l'AJR dans la hiérarchie de l'Administration. Elle est régie par un texte ancien remontant au protectorat et à 1953 ;

[21] Ibidem.

- insuffisance du personnel administratif et technique (faible taux d'encadrement des activités) ;

- insuffisance des ressources propres et dépendance de l'AJR aux prestations extérieures des avocats (honoraires coûteux) et au budget du ministère de la tutelle, MEF ;

- contraintes organisationnelles (incohérence de l'organigramme, concentrations des attributions entre les six (6) chefs de division), problèmes de convergeance et de coordination;

- problèmes de communication, de lisibilité des structures et manque de formalisation suffisante des processus de pilotage reliant l'AJR à l'administration et au système juridique et judiciaire ;

- manque de structures d'évaluation interne des activités ou d'évaluation (ascendante ou descendante) ;

- pression du quotidien ;

- coût élevé de la gouvernance ;

- limites relatives à la performance des activités opérées par l'AJR.

- limites de la coopération internationale et du rayonnement de l'AJR (interne ou externe).

Hypothèses de diagnostic

L'application des principes de la gouvernance stratégique et des modèles SWOT, COSO1 et COSO2 peut nous apporter certains éclairages méthodologiques nécessaires à la maîtrise de l'évaluation de l'AJR. Les épistémologues disaient que *« évaluer c'est évoluer »*.

Application des principes de la gouvernance stratégique

Les éléments de la gouvernance stratégique résident dans la validation des éléments suivants :

- Le système de la vision stratégique participative ;
- Le système de l'organisation et de la communication ;
- Le système des ressources humaines et des compétences ;

- Le système des ressources financières ;
- Le système des accomplissements et de performance ;
- Le système d'audit, du contrôle interne et d'évaluation des risques ;
- Le système des redditions des comptes et des études d'impact ;
- Le système des valeurs et d'éthique.

Figure n° 1 : Eléments de la gouvernance stratégique du contentieux

La validation de ces hypothèses de base s'est effectuée sur une série de références techniques d'analyse :

Le modèle SWOT (Figure n°2)

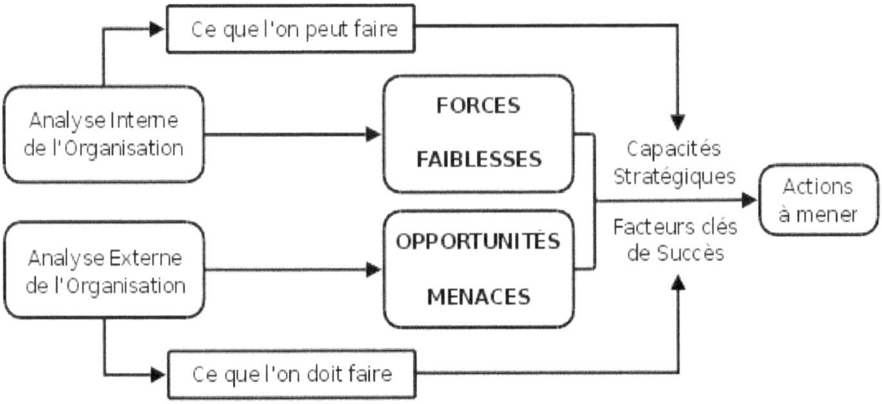

Analyse COSOI et COSO II[22] (Figure n°3)

Il permet d'évaluer les cinq (5) éléments caractéristiques de l'AJR suivants :

[22] COSO is an acronym for The Committee of Sponsoring Organizations of the Treadway Commission is an organization that develops guidelines for businesses to evaluate internal controls, risk management, and fraud deterrence.

- système de pilotage ;
- information et communication ;
- activités de contrôle ;
- évaluation des risques ;
- environnement de l'AJR.

Tableau n°1

1- Pilotage	Risques et faiblesses
2- Information et communication	Risques et faiblesses
3- Activités de contrôle	Risques et faiblesses
4- Evaluation des risques	Risques et faiblesses
5- Environnement de contrôle	Risques et faiblesses

Tableau n°2 : Contrôle interne et évaluation des risques

Composantes du contrôle interne/Management des risques

Selon le COSO 1: ICIF	Selon le COSO 2: ERM
1 Environnement de contrôle	1 Environnement de contrôle
2 Évaluation des risques	2 Définition des objectifs
	3 Identification des risques/événements;
	4 Evaluation des risques
	5 Traitement des risques
3 Activités de contrôle	6 Activités de contrôle
4 Information et communication	7 Information et communication
5 Pilotage.	8 Pilotage.

Eléments d'analyse des risques des organisations complexes

Ils sont multiples et divers :

- Risques de management (participatif, communiquant et synergique) ;
- Risques organisationnels (manuels de procédures, organigramme, formalisation des tâches, lois et règlements) ;
- Risques d'information et de communication (communication stratégique, interne et externe) ;
- Risques spécifiques (juridiques, TIC, applications, base de données, ordinateurs, risque de conception applicatif, altérations de données, pirates) ;
- Risques de perte (déperditions diverses, fuite des compétences, humanisme) ;
- Risques relatifs à la formation et à l'encadrement des acteurs ;
- Risques de la gouvernance financière (insuffisance des moyens, lenteur, bureaucratie, transparence, responsabilité) ;
- Risques de contrôle (contrôle interne, audit interne et externe) ;
- Risques culturels et mentaux (individualisme, manque d'engagement et d'adhésion).

Enoncés des propositions de réinvention et d'action de l'AJR

Ces orientations peuvent être illustrées comme suit :

- Orientation stratégique N° 1 : La consolidation des capacités institutionnelles, stratégiques et humaines de l'AJR
- Orientation stratégique N° 2 : Mettre en place un statut et un plan de formation et un système de motivation du corps administratif et technique
- Orientation stratégique N° 3 : Instaurer des structures de communication, de médiation, d'évaluation et d'audit de performance
- Orientation stratégique N°4 : Conception et repérage des risques à mettre sous contrôle et sans négligence (risques opérationnels) du système des contentieux de l'Etat

- Objectif stratégique N°5 : Mettre la légalité et la performance au cœur de la gouvernance stratégique des contentieux de l'Etat
- Orientation stratégique N°6 : Consolider et généraliser et sécuriser l'usage des TIC au sein des structures des contentieux de l'Etat
- Orientation stratégique N°7 : La conception d'une nouvelle stratégie de coopération internationale dans le domaine de la gouvernance du contentieux et de l'arbitrage commercial.

DEUXIEME PARTIE

ETAT DES LIEUX, MISSIONS, ORGANISATION ET FONCTIONNEMENT DE L'AJR

DEUXIEME PARTIE

ETAT DES LIEUX MISSIONS, ORGANISATION ET FONCTIONNEMENT DE L'AJR

Etat des lieux de la gouvernance de l'AJR

Une direction centrale du ministère de l'Economie et des Finances dont le texte de création remonte au protectorat

L'Agence Judiciaire du Royaume (A.J.R) est encore une direction du ministère de l'Economie et des Finances (MEF). Elle est créée par le dahir du 07 janvier 1928[23], comme il a été modifié et complété par le dahir du 18 décembre 1935[24] et le dahir du 16 mars 1938[25].

Durant le protectorat et en 1953 les fonctions de l'Agent Judiciaire du Royaume ont été réorganisées par le Dahir du 02 mars 1953[26] .

Aujourd'hui l'AJR se positionne dans l'organigramme du MEF comme une direction centrale, à l'instar des dix directions similaires[27] qui sont :

- L'Administration des Douanes et Impôts Indirects ;
- La Trésorerie Générale du Royaume ;
- La Direction Générale des Impôts ;
- La Direction du Budget ;
- La Direction du Trésor et des Finances Extérieures ;

---

[23] Bulletin officiel n°794 du 10 janvier 1928.
[24] Bulletin officiel n°1216 du 14 février 1936.
[25] Bulletin officiel n°1332 du 6 mai 1938.
[26] Bulletin officiel n°2109 du 23 mars 1953, p.444.
[27] Le Ministère a également sous sa tutelle, les organismes suivants :
- L'Office des Changes ;
- La Caisse Marocaine des Retraites ;
- La Caisse Centrale de Garantie ;
- Le Conseil Déontologique des Valeurs Mobilières ;
- L'Autorité de Contrôle des Assurances et de la Prévoyance Sociale (ACAPS) remplaçant la Direction des Assurances et de la Prévoyance Sociale (février 2016) ;

• La Direction des Entreprises Publiques et de la Privatisation ;
• La Direction des Domaines de l'État ;
• La Direction des Affaires Administratives et Générales ;
• La Direction de36s Études et des Prévisions Financières ;
• La Direction de la concurrence des prix et de la compensation.

Au préalable, faut-il remarquer que de multiples raisons militent en faveur d'une institutionnalisation plus élevée de l'AJR parmi les grands corps de l'Etat. On peut citer notamment :

- la vétusté de la loi organisant l'AJR, remontant au protectorat ;
- le positionnement actuel de l'organisme en tant que simple direction centrale au sein du ministère des finances ;
- la diversité, la complexité et la sensibilité des affaires contentieuses traitées où l'Agence représente l'Etat (affaires administratives, civiles, pénales, commerciales) ;
- la présence en permanence de cette instance dans les tribunaux afin de défendre les intérêts des différentes administrations publiques ;
- la technicité et la spécificité des fonctions qui lui sont confiées en matière de conseil, d'émission d'avis et de défense des intérêts de l'Etat à l'échelon international devant les instances d'arbitrage commercial.

En effet, ces différentes limites, entre outre, ne lui permettent pas d'exercer et de remplir efficacement toutes les missions qui lui sont confiées selon les bonnes pratiques de la gouvernance judiciaire des contentieux de l'Etat.

A titre de comparaison, l'Organisme des contentieux de l'État[28], en Egypte, est une institution constitutionnelle. Il est créé en1875 sous appellation d'Organisme des contentieux du gouvernement.

En 1986, il change d'appellation pour devenir à partir de cette date l'Organisme des contentieux de l'Etat.

La constitution de 2014 lui a attribué de nouvelles attributions[29].

---

[28] هيئة قضايا الدولة

[29] L'article 196 de la constitution stipule que *« L'organisme des Contentieux de l'État est un organisme judiciaire indépendant, qui représente l'État dans les poursuites judiciaires engagées par ou contre celui-ci et peut proposer le règlement à l'amiable à tout stade d'un litige. Il assure le contrôle technique sur les actions en cours dans les départements d'affaires juridiques de l'appareil administratif de l'État. Il rédige les projets de contrats dont l'État est parti prenant qui lui sont déférées par les administrations. L'ensemble de ces dispositions est prévu par la loi. Ses autres*

Il s'agit d'un organisme judiciaire indépendant. Il est chargé de :

- représenter l'État dans les poursuites judiciaires engagées par ou contre celui-ci ;
- instruire les affaires et préparer le procès et la mise en état de sa plaidoirie afin que les juges administratifs puissent trancher rapidement les contentieux administratifs ;
- proposer le règlement à l'amiable à tout stade d'un litige ;
- proposer aux parties le règlement du litige sur la base des principes juridiques sur lesquels l'arrêt de la Cour administrative suprême a été établi, et de contester les décisions devant la Cour administrative suprême ;
- assurer le contrôle technique sur les actions en cours dans les départements d'affaires juridiques de l'appareil administratif de l'État ;
-rédiger les projets de contrats dont l'État est partie prenante qui lui sont déférées par les administrations ;
-jouir du droit de statuer sur les demandes d'exonération des frais de justice.

Les membres de l'organisme des contentieux de l'Etat jouissent de l'immunité et de l'inamovibilité et des mêmes garanties et privilèges matériel et moral, et droits et devoirs que les magistrats de l'ordre judiciaire. La loi définit la procédure disciplinaire applicable à ses membres.

Sur le plan organisationnel l'organisme comporte 57 divisions (y compris les divisions créées à l'échelle des collectivités territoriales et les départements ministériels) auxquelles il faut ajouter 53 sections couvrant tout le territoire national.

Sensibilité des missions de défense de l'Etat, complexité des rapports de l'AJR avec l'administration et l'ordre judiciaire

La multiplicité et la complexité des rapports de l'AJR avec les diverses administrations et sa compétence générale en matière de la défense

---

compétences sont définies par la loi et ses membres ont les mêmes garanties, droits et devoirs que la magistrature. La loi définit la procédure disciplinaire applicable à ses membres ».

judiciaire de l'Etat au regard de celles qui sont conférées également par d'autres organismes similaires à savoir :

- la Direction des Domaines de l'Etat, pour le domaine privé de l'Etat ;
- la Direction Générale des Impôts pour le contentieux fiscal ;
- l'Administration des Douanes et Impôts Indirects pour le contentieux douanier ;
- et la Trésorerie Générale du Royaume pour les affaires de recouvrement.

En fait, ces interférences de compétence posent un problème de l'édification d'une stratégie participative, claire et convergente d'action dans la défense des intérêts de l'Etat.

L'AJR et l'article 9 de la loi de finances 2020 sur l'inexécution des jugements prononcés à l'encontre de l'Etat

L'article 9 de la loi de finances de 2020 concernant l'exécution des jugements prononcés à l'encontre de l'Etat ou des collectivités territoriales et de leurs groupements prévoit le report de l'exécution des jugements prononcés à l'encontre de l'Etat et l'interdiction de la saisie des comptes de l'Etat ont suscité plus de remous au sein du gouvernement, du parlement et de la société civile.[30].

---

[30] L'article 9 de la loi de finances 2020 énonce que *« les créanciers porteurs de jugements définitifs exécutoires à l'encontre de l'Etat ou des collectivités territoriales et de leurs groupements ne peuvent se pourvoir en paiement que devant les services ordonnateurs de l'administration publique ou des collectivités territoriales concernées.*

Lorsqu'une décision de justice définitive et exécutoire oblige l'Etat ou une collectivité territoriale ou un groupement au paiement d'une somme déterminée, cette somme doit être ordonnancée dans un délai maximum de quatre-vingt-dix (90) jours à compter de la date de l'ordre d'exécution de ladite décision judiciaire dans la limite des crédits ouverts au budget à cet effet, conformément aux principes et règles de comptabilité publique. A défaut d'exécution par l'ordonnateur de la décision précitée et dès l'expiration du délai cité ci-dessus, le comptable public procède au paiement spontané dans les délais prévus par la réglementation en vigueur.

Si la dépense est imputée sur des crédits qui se révèlent insuffisants, l'exécution des jugements est effectuée par voie d'ordonnancement de la somme concernée, à hauteur des crédits budgétaires disponibles, à charge pour l'ordonnateur de prendre impérativement les dispositions pour mettre en place les crédits nécessaires au paiement de la somme restant due sur les budgets des années suivantes dans un délai maximum de quatre (4) années, conformément aux conditions susvisées et sans que les biens et les fonds de l'Etat ou des collectivités territoriales et de leurs groupements ne puissent faire l'objet de saisie à cette fin ». BO N°6838 bis du 14/12/2019, pp.24-25.

Ce même article 9 soumet le paiement d'une dette à la limite des crédits disponibles au budget de l'Administration concernée. Il permet de reporter le paiement aux années suivantes tout en déclarant insaisissabilité des biens de l'Etat.

En l'occurrence, les associations professionnelles ont fustigé une disposition jugée anti constitutionnelle. Pour les magistrats, c'est une atteinte à leur indépendance. Pour les avocats, c'est un mépris pour les jugements prononcés au nom du Roi.

Selon certaines estimations, l'Etat en 2020 a réglé 734 millions de DH résultant de décisions judiciaires. Montant estimé dérisoire considérant un montant global qui voisine annuellement 4 milliards de DH.

Par ailleurs, l'article 9 a évoqué le problème de l'application de la non rétroactivité de la loi considérant les jugements prononcés avant la rentrée de ladite loi de finances et le règlement d'environ dix (10) milliards de DH que l'Etat a versé en 3 ans et qui ont été à l'époque en instance de règlement. Le débat concerne l'aggravation de la dette de l'Etat.

En outre, faut -il remarquer que l'AJR n'a pas contribué à ce débat houleux en y apportant son avis et ses consultations notamment sur les causes profondes qui ont aggravé les dettes de l'Etat vis-à-vis des différents justiciables.

Dans une période marquée par la rentrée en vigueur de la nouvelle loi sur la réforme judiciaire et la création par le ministère de l'intérieur d'une AJCT, l'AJR est appelée à réinventer ses rapports avec ce nouvel organisme, avec l'ordre judiciaire, ainsi qu'avec l'Administration sur la base d'une nouvelle vision de coordination et d'évaluation continue des risques juridiques, institutionnels et de la prévention avant, au cours et après le déclenchement du contentieux, comme le recommande la cour des comptes en 2015, dans son rapport sur l'évaluation de la gestion du contentieux judiciaire de l'Etat.

Missions fonctionnelles et opérationnelles de l'AJR

Des attributions larges et diversifiées

Le champ d'action de l'institution est large et diversifié. Il couvre tous les aspects du contentieux notamment dans les domaines suivants :

- Les recours en annulation pour excès de pouvoir formulés contre les décisions administratives devant les juridictions administratives et la Cour de Cassation ;
- La responsabilité de la puissance publique basée sur les articles 79, 80 et 85 bis du DOC dans tous les domaines (responsabilité médicale, accidents causés par les véhicules de l'Etat non-assurés, accidents scolaires, défaut d'entretien d'ouvrages publics, maintien de l'ordre public, réquisitions, voies de fait, etc.) ;
- La responsabilité contractuelle des personnes morales de droit public (litiges afférents aux contrats administratifs et de droit commun, notamment : les marchés publics, les contrats de loyer, les litiges à caractère social, l'application des textes relatifs aux pensions, le capital décès, les indemnités, etc.) ;
- Les actions intentées au nom d'une administration pour revendiquer un droit (recours contre le tiers responsable, évacuation de logements administratifs, application de la loi sur la propriété littéraire et artistique ou industrielle, constitution de partie civile, etc.) ;
- La présentation des plaintes et la défense des fonctionnaires.

Structures organisationnelles

L'AJR est structurée en cinq (6) divisions :

- division chargée du contentieux administratif (pleine juridiction) ;
- division chargée du contentieux d'annulation ;
- division chargée du contentieux judiciaire ;
- division chargée des études et procédures amiables ;
- division chargée des affaires répressives ;

- division chargée des affaires commerciales et du contentieux d'arbitrage[31].

Répartition des affaires par type de contentieux

La répartition de ces affaires par type de contentieux, selon le rapport annuel de l'AJR de 2021, montre que le contentieux administratif représente 57% du total des nouvelles affaires notifiées à l'AJR, suivi du contentieux judiciaire (38%), et des affaires réglées à l'amiable (5%).

Selon le même document, la répartition des nouvelles affaires enregistrées en 2021, révèle que 72% de l'activité de l'AJR est générée par les départements ministériels, suivis par les établissements publics avec un taux de 16%, puis les collectivités territoriales par 12% du total des nouvelles affaires notifiées à l'AJR et les hauts commissariats qui génèrent moins de 1% du contentieux.

Etudes, conciliations et affaires réglées à l'amiable

Elles représentent une faible part dans les activités de l'AJR. Le service du comité du contentieux qui dépend de la division chargée des études et procédures amiables n'est pas hautement doté. Le rapport de la cour des comptes a remarqué que l'AJR ne dispose pas de stratégie de gestion du contentieux à trois niveaux de limites :

- la prévention du contentieux est due notamment au manque de texte juridique pour l'encadrement des consultations ;

- la faiblesse du rôle de la sensibilisation et de l'évaluation des risques juridiques ;

-l'insuffisance des solutions alternatives du contentieux et le non recours à la procédure de consultation.

---

[31] Cette division est créée en vertu de la décision du ministre de l'économie et finances n° 1008-21 du 29 Juin 2021 portant modification de la décision n° 1393 -11 du 25/05/2021 portant fixation des attributions des divisions et services dépendant des administrations centrales. BO du 29/07/2021 n° 7008 pp.57-75.

Ce sont des contraintes institutionnelles auxquelles il s'agit également d'ajouter la faible position du comité de contentieux dans la hiérarchie du ministère des Finances et de la direction de l'AJR.

Comité du contentieux et procédures de conciliation

Le service du comité du contentieux comme souligné auparavant n'est pas hautement doté.

Le comité de contentieux est formé des membres représentant les services suivants :

- le Secrétariat général du gouvernement ;
- l'Autorité de Contrôle des Assurances et de la Prévoyance Sociale (ACAPS) créée par la loi n°64-12 entrée en vigueur le 14 avril 2016 ;
-la Trésorerie générale du Royaume ;
-l'Intérieur ;
-Economie et Finances (Direction du Budget).

Le rapport de la Cour des comptes note que « *les dispositions du Dahir du 02 mars 1953 portant réorganisation de la fonction d'AJR prévoient la possibilité de recours à la procédure de conciliation, dans le cadre du comité du contentieux prévu par l'article 4 du Dahir précité* » *en énonçant que* « *l'agent judiciaire ne peut transiger qu'après avis conforme d'un comité de contentieux réuni à la diligence du directeur des finances* ».

Il va sans dire, conclut la cour, que « *le recours, par l'Etat, à la procédure de conciliation est censé être systématique dans tous les procès où sa responsabilité est établie. Or cette procédure n'est suivie qu'à titre exceptionnel* ».[32]

Afin d'activer des solutions alternatives dans la gestion des contentieux à l'échelon des collectivités territoriales la décision du ministre de l'Intérieur du 22 décembre 2021 a prévu la formation d'un comité de médiation à l'échelon de la Wilaya, de la préfecture ou de la province, présidé par le wali ou le gouverneur ou leurs représentants, le président de la commune (ou son représentant) et les fonctionnaires concernés par le

[32] Rapport de la cour des comptes sur l'année 2015, op.cit.

contentieux. Le comité peut faire appel à des experts. Un procès-verbal comportant les actes d'accord et de conciliation sera formellement signé par les parties.

Figure n° 4 : Organigramme fonctionnel de l'Agence Judiciaire du Royaume

AGENT JUDICIAIRE DU ROYAUME

Directeur Adjoint

Service informatique

Service des affaires générales

1. Division de la pleine juridiction

Service des Recours de la Responsabilité Administrative du Centre et du Sud

Service des recours de la responsabilité administrative du Nord

Service des recours d'urgence

Service des recours des contrats administratifs

2. Division du recours en annulation

Service de la position individuelle et des pensions

Service des recours en annulation du centre et du sud

Service des recours en annulation du Nord

3. Division des études et des procédures amiables

Service du comite du contentieux

Service des études et de l'ingénierie juridique

Service de la prévention du contentieux et de l'analyse des données

Service des procédures amiables

4. Division du contentieux judiciaire

Service d'évacuation de logements administratif et de fonction

Service des affaires civiles du Centre

Service des affaires civiles du Sud

Service des affaires civiles du Nord

5. Division des affaires pénales

Service de la défense des fonctionnaires de l'Etat

Service des crimes financiers et récupérations des deniers publics

6. Division des affaires commerciales et du contentieux d'arbitrage

Service des affaires commerciales

Service de la gestion du contentieux d'arbitrage de l'investissement et de la prévention

Figure n° 5 : Organigramme de l'Agence Judiciaire de l'Etat en France

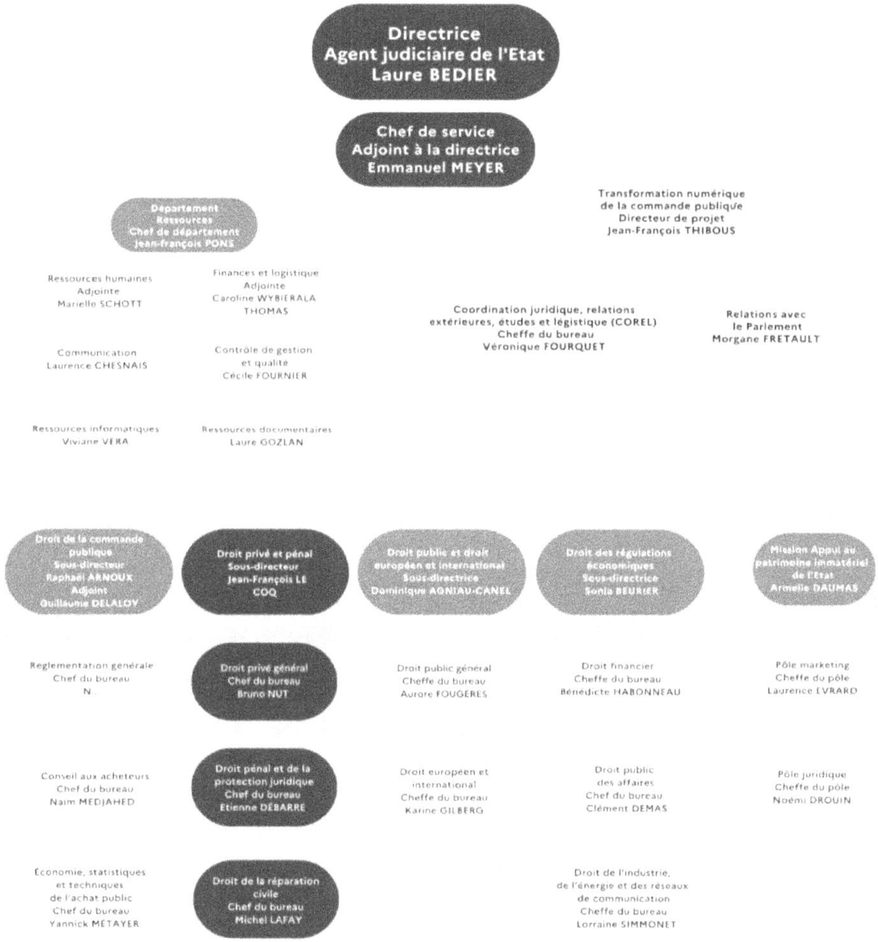

Ressources humaines de l'AJR

L'AJR regroupe une multitude de compétences juridiques et judiciaires et une expertise professionnelle importante couvrant tous les domaines des contentieux de l'Etat (civil, administratif, pénal, commercial, etc.).

Selon les statistiques disponibles elle dispose en 2013 d'un effectif de 161 personnes (dont 124 juristes) recouvrant près de 120 juridictions et une prise en charge de 12.000 nouvelles affaires chaque année (dont 56 % des affaires plaidées par l'AJR sont gagnées et environ 4000 jugements notifiés à l'AJR chaque année).

Cet effectif est passé de 155, en 2013, à 168 personnes en 2021, soit une augmentation de 8,38% d'effectif durant une période de 9 années, ce qui est dérisoire.

Tableau n°3 : Evolution des ressources humaines mises à la disposition de l'AJR (2010-2021)

Année	Effectif
2010	155
2011	149
2012	146
2013	161
2017	173
2018	172
2019	174
2020	165
2021	168

Source : Rapports d'activité de l'AJR.

En 2021, l'effectif du personnel de l'AJR qui se charge de la gestion des contentieux de l'Etat représente 168 personnes réparties comme suit :

- 113 cadres qui assurent la défense devant la justice, soit 86 % de taux d'encadrement et 14% de personnel de soutien ;
- 55 collaborateurs assurant des missions d'accompagnement et de soutien. Cet effectif représente :

- 70 % de cadres ;
- 15% de techniciens, rédacteurs et auxiliaires ;
- 11% d'agents techniques et administratifs ;
- 4% d'ingénieurs.

A titre de comparaison, en France, en 2012, l'AJE dispose de 60 personnes qui ont la responsabilité permanente de plus de 8 000 dossiers contentieux actifs devant les juridictions de l'ordre judiciaire. Cela représente, chaque année, environ 4 300 nouveaux dossiers, dont notamment 1300 affaires d'accidents de la circulation, 2 000 constitutions de partie civile devant les juridictions répressives, 600 requêtes en indemnisation de la détention provisoire et 200 assignations en dysfonctionnement du service public de la justice.

Mais, aux termes de l'article 3 du décret n° 92- 1369 du 29 décembre 1992, *« Pour l'exercice de son mandat légal de représentation en justice, l'agent judiciaire de l'Etat dispose auprès de chaque cour d'appel et de chaque tribunal de grande instance [...] d'avocats nommés par arrêté du ministre chargé du budget »*.

L'agent judiciaire de l'Etat dispose en 2012 de près de deux cent (200) avocats, désignés à l'issue d'une procédure de marché public depuis 2007. Cette constatation est fondamentale dans le processus de rationalisation des procédures d'accès des avocats à l'AJR au Maroc) .

Réalisations

1- Décisions notifiées à l'AJR

L'AJR a reçu, en 2021, 19170 décisions de justice prononcées par les différents tribunaux du Royaume comme suit :

- 77% prononcés par les tribunaux administratifs,
- 20% des tribunaux ordinaires,
- 2% des arrêts prononcés par la Cour de cassation,
- 1% émanant des tribunaux commerciaux.

Tableau n°4 : Evolution des affaires notifiées et répartition par type de contentieux (2017-2021)

	2017	2018	2019	2020	2021
Affaires notifiées à l'AJR	17220	17528	20320	17708	19170
Contentieux administratif	10550	11049	10265	20404	10990
Contentieux judiciaire	6032	5862	9513	7191	7273
Procédure amiable	637	588	515	1111	932

Sources : Rapports d'activité de l'AJR.

2- Rendement et processus de maîtrise des indemnisations prononcées à l'encontre de l'Etat

Grâce à la nouvelle stratégie de défense adoptée par l'AJR et sa partenaire focalisée essentiellement sur le renforcement de la présence de l'administration dans toutes les actions visant à déclarer débiteur l'Etat et afin de maîtriser les indemnisations, 3,3 milliards de dirhams ont été épargnés par l'AJR à la caisse de l'Etat, en 2021. Selon le rapport d'activité de cet organisme les requérants réclamaient à l'État plus de 7,3 milliards de Dirhams, l'AJR les a réduits de 54%, soit une économie de 3,33 milliards de dirhams. Mais à quel prix ?

Tableau n°5 : Evolution de l'indemnisation prononcée à l'encontre de l'Etat (2017-2021)

Année	Indemnisation
2017	1,68
2018	3,14
2019	3 ,09
2020	3,18
2021	3,33

Source : Rapports d'activité de l'AJR.

Tableau n°6 : Ventilation des montants économisés par l'AJR, selon les types des tribunaux (2017-2021)

Types de tribunal	Montants économisés (en DH)
Tribunaux administratifs	3 282 312 851,00
Tribunaux ordinaires / civiles	22 049 926,00
Tribunaux de commerce	27 245 502,00
Total	3 331 608 279,00

Source : Rapports d'activité de l'AJR.

3- Contentieux relatifs à l'évacuation de logements administratifs

Grâce à une coordination adoptée en 2021 avec les acteurs intervenant dans le processus de gestion des logements administratifs et de fonctions, (domaines de l'Etat, départements ministériels, avocats, huissiers de justice, différents tribunaux) l'AJR a pu, récupérer un nombre considérable de logements occupés illégalement et ce en comparaison avec l'année 2020.

Résultats obtenus

- L'obtention de plus de 310 décisions de justice ordonnant l'expulsion des occupants des logements ;
- L'évacuation de 313 logements à travers le Royaume ;
- Une indemnisation en faveur de l'Etat d'une somme de 1.015.789,12 dirhams ordonnée par les tribunaux dans dix (10) affaires intentées contre des fonctionnaires ou leurs ayants -droit qui continuent d'occuper illégalement les logements.

4- Lutte contre les crimes financiers et récupération des deniers publics détournés ou dilapidés

- 13 jugements et arrêts ont été rendus pour recouvrir un total de 82.769.109,30 Dh ;
- Exécution des décisions judiciaires d'une valeur de 3.270.397,15 DH.

5- Récupération des débours de l'Etat

- l'adoption d'une procédure amiable basée sur les échanges de documents avec les sociétés d'assurance ou à travers le recours à la procédure judiciaire pour la récupération des débours de l'Etat (à l'encontre du responsable du dommage suite à un accident de circulation dont a été victime un fonctionnaire de l'État, en cas de refus de la compagnie d'assurance de verser les débours exigés).
- en l'occurrence l'AJR a récupéré durant l'année 2021, 5,15 millions Dh par voie amiable auprès des sociétés d'assurances, enregistrant ainsi, une augmentation de 26 % par rapport à l'année 2020. Et plusieurs décisions de justice (procédure judiciaire) ont été rendues en 2021 en faveur de l'Etat et contre les sociétés d'assurance d'un montant de 2.118.808,82 Dh.

Tableau n° 7 : Evolution des débours de l'Etat restitués par voie amiable entre 2017 et 2021

Année	Montant des débours en millions de DH
2017	1,68
2018	3,14
2019	3,09
2020	3,88
2021	5,5

Source : Rapports d'activité de l'AJR.

6- Frais et honoraires des cabinets d'avocats partenaires

L'AJR fait appel aux cabinets d'avocats pour la prise en charge de quelques dossiers ayant une certaine particularité, et nécessitant une présence constante au siège des tribunaux, situés en dehors de la zone de Rabat (contentieux pénal, l'évacuation des logements de fonction) soient :

- 1.417 notes d'honoraires ont été traitées en 2021, avec un coût global de 3,6 millions de dirhams ;
- En plus de 24 notes d'honoraires qui concernent la procédure d'arbitrage international pour un coût total de 49,5 millions de dirhams. Soient 93 % des frais relatifs à l'arbitrage international et 7% pour les autres affaires.
- Il semble que le coût de la défense de l'Etat supporté par l'AJR est relativement exorbitant considérant le manque d'une procédure rationnelle de concurrence et d'évaluation des réalisations.

En France, les avocats de l'AJE sont soumis à des obligations particulières, dont la plus contraignante est de ne pas plaider contre l'Etat. Devant le juge pénal, l'AJE peut directement se constituer partie civile, sans l'intervention d'un avocat, par lettre recommandée avec accusé de réception, sur le fondement de l'article 420-1 du code de procédure pénale.

Cette voie est privilégiée, lorsque le dossier ne présente pas de difficulté particulière et que l'enjeu financier est faible. Elle est, par exemple, utilisée dans les affaires de dégradations mineures de biens mobiliers ou immobiliers de l'Etat.

L'AJE entretient avec l'ensemble de ses avocats des contacts journaliers par voie dématérialisée. Il les réunit tous les quatre ans. Il est relié à eux, en permanence, par un réseau extranet sur lequel des fiches pratiques et des informations sur la jurisprudence sont régulièrement mises à jour.

7- Le système d'information et de communication (TIC)

Dans le but d'assurer la gestion de ses différentes et multiples activités l'AJR a mis en œuvre un système d'information puissant et intégré. Il s'étend aux applications suivantes :

- la gestion du cycle de vie des dossiers ;
- la gestion de la comptabilité ;
- la gestion du courrier arrivée et de l'agenda des cadres ;
- la gestion du courrier départ et des déplacements ;
- la gestion de la notification des jugements et de leur traitement ;
- la gestion des transactions amiables assurée a travers le comité du contentieux ;
- la gestion des prestations d'étude et conseil juridiques ;
- la gestion de l'exécution des jugements ;
- la gestion de la bibliothèque ;
- la gestion de la jurisprudence.

8- La jurisprudence

Elle revêt un enjeu stratégique.

Il est question de réfléchir sur l'apport de l'AJR à la capitalisation d'une intelligence juridique et judiciaire collective au service de la gouvernance des contentieux de l'Etat au sein de l'administration et au développement législatif parmi lequel devrait figurer la profonde réforme de cet organisme permettant l'édification des valeurs de l'équité, de la transparence et de la performance dans la société.

Evaluation SWOT des forces, et des faiblesses, des opportunités et des menaces

1. Forces et faiblesses d'ordre général

Tableau n°8 : Evaluation d'ordre général des forces et des faiblesses de l'AJR

Domaine	Forces	Faiblesses
Fondements juridiques et institutionnels de l'AJR	• Une longue expérience accumulée dans la gestion de la complexité des contentieux de l'Etat ; • Une grande volonté de réforme juridique et judiciaire : • La constitution de 2011 énonçant une série de principes fondamentaux sur la bonne gouvernance et la corrélation entre responsabilité et la reddition des comptes (art.1) ; la gouvernance des services publics (art.154) ; les dommages causés par une erreur judiciaire ouvrent droit à une réparation à la charge de l'Etat ; • Promulgation de la loi organique n° 100-13 relative au Conseil Supérieur du Pouvoir Judiciaire[33] ; • Promulgation de la loi n° 15-38 portant nouvelle organisation judiciaire (entrée en vigueur le 15 janvier 2023)[34] ; • L'édification institutionnelle de l'autorité judiciaire : maîtriser les relations entre les différentes composantes au sein des juridictions, organiser le travail des organes judiciaires et leurs compétences, le système de gestion des tribunaux, organisation interne, droits des justiciables ; • Consacrer les principes d'organisation judiciaire (indépendance de la justice, unité de la magistrature, la Cour de cassation étant considérée comme la plus haute autorité judiciaire),	• Inadaptation du texte l'AJR au processus des réformes judicaires du Royaume ; • Faiblesses institutionnelles et organisationnelles ; • Faible position de la direction aussi bien par rapport aux différentes directions de la tutelle ou des autres administrations et de l'ordre judiciaire ; • Manque d'une stratégie claire d'action, de programmation des activités ou de communication et de production de rapport (objectifs, indicateurs) ; • Le problème de l'institutionnalisation de la division des affaires commerciales et arbitrage ; • Manque d'une stratégie claire et intégrée de la gouvernance du contentieux ; • Manque de texte juridique pour l'encadrement des consultations ; • Problème de structure d'évaluation et de contrôle interne des risques ; • Insuffisance des solutions alternatives du contentieux juridique et le non recours à la procédure de concertation ; • Manque de statut particulier des cadres ; • Insuffisance des ressources financières et humaines pour faire face à la demande ; • Manque de structure d'évaluation et de contrôle interne des risques juridiques et judiciaires ; • Manque ou insuffisance de la pratique de la recherche scientifique et des indicateurs de performance (pression du quotidien) ;

[33] Dahir n°1-16 du 24 mars 2016 portant promulgation de la loi organique 100-13 relative au conseil supérieur du pouvoir judiciaire .BO n° 6492 du 8 août 2016.
[34] BO n° 7108 du 14 janvier 23/01/23

	• Adoption d'une magistrature spécialisée ; • Renforcement de la confiance dans le pouvoir judiciaire ; • Accroître l'efficacité judiciaire (justification et motivation des jugements, délai connu des parties) ; • Activation des procédures de conciliation et de médiation dans l'analyse des litiges ; • Consacrer une culture de conciliation et de médiation dans le processus de litige comme moyen alternatif de résolution des différends, au suivi de la mise en œuvre ; • Construire un nouveau système de gestion administrative et financière ; • Structurer les juridictions selon une approche participative liée à la conduite des travaux dans toutes les juridictions du Royaume ; • Mettre en place des comités de coordination et d'amélioration de la gouvernance judiciaire ; • Nouveau Modèle de Développement à l'horizon de 2035 : libérer les énergies et restaurer la confiance pour accélérer la marche vers le progrès et prospérité pour tous (2021) ; • La nouvelle loi organique des lois de finances (2015) énonçant des multiples dispositions sur les indicateurs de la performance et la gestion par objectifs.	• Manque de manuels de procédures et d'analyse des risques ; • Nécessité de développement d'une doctrine d'arbitrage commercial international ; • Manque de programme adéquat de formation des cadres en anglais ; • Nécessité d'une bibliothèque numérique et virtuelle bien fournie.

Tableau n°9 : Evaluation des forces et des faiblesses d'ordre général de l'AJR

Domaine	Forces	Faiblesses
Fondements juridiques institutionnels, mandat de l'AJR	• L'AJR a été créée en 1928, ses fonctions, telles qu'elles sont connues aujourd'hui, sont régies par le Dahir du 2 Mars 1953 ; • L'AJR est chargée de défendre les intérêts de l'Etat et de ses démembrements devant la justice (demandeur ou défendeur), dans toutes les affaires étrangères aux impôts et aux domaines ; • L'AJR est prescrite dans toute action ayant pour objet de déclarer débiteur l'Etat et ses démembrements (l'article 514 du code de procédure civile reprend la même prescription) ; • La loi permet à l'AJR de transiger dans certaines affaires après avis favorable du comité du contentieux, et d'assurer la récupération des débours de l'Etat versés aux fonctionnaires victimes (pensions civiles et militaires) ; • L'article 3 du code de procédure pénale prévoit que les poursuites pénales engagées contre les magistrats, les fonctionnaires publics, les agents ou préposés de l'autorité ou de la force publique doivent être également notifiées à l'AJR (toute condamnation de ces personnes pour des faits ayant un rapport avec leurs fonctions) confère le droit à la partie civile de réclamer la condamnation de l'Etat à des dommages et intérêts, d'où la nécessité d'assurer leur défense par l'AJR ; • Représentation des administrations.	• Textes régissant l'AJR sont anciens. Aucune modification n'est opérée depuis 70 ans ; compte tenu des différentes réformes qu'a connues le paysage institutionnel juridique et institutionnel du pays ; • Le personnel délégué par l'AJR censé défendre les intérêts de l'Etat est considéré comme un simple auxiliaire de la justice aussi bien au niveau des textes qu'au niveau des autres institutions ; • Manque de texte juridique qui lui permet de demander des documents pour des éléments de défenses aux administrations (qui ne sont pas tenues de communiquer tous documents demandés). En l'occurrence seule l'AJR est tenue responsable pour le dossier et non l'administration vis-à-vis des institutions de contrôle.
Missions	• Compétence d'ordre public, l'AJR couvre en pratique tous les domaines d'activité des administrations publiques : • La prévention du risque juridique et judiciaire ; • L'assistance et le conseil de l'administration ;	• Abondance des notifications et des dossiers défendus par l'AJR ; • Effectif insuffisant de cadres pour répondre de façons pointues à l'étude des dossiers ; • L'abondance des dossiers et le manque de moyens nécessitent le transfert d'une partie (des dossiers) aux avocats, ce qui peut

	• L'émission d'avis juridique ; • La réalisation d'études portant sur les projets et propositions de lois ; • La veille juridique ; •Le règlement à l'amiable des litiges.	remettre en cause la notoriété et l'efficacité de l'AJR.
Saisine et actions	• Les dossiers soumis à l'AJR sont saisis auprès des tribunaux soit par les cadres de l'AJR soit par les avocats.	• Les cadres perdent du temps pour accomplir les actes auprès des tribunaux et n'ont pas assez de disponibilité pour étudier un dossier de contentieux ; • Le choix des avocats se fait majoritairement par les chefs de divisions et chefs de services qui établissent une liste pour chaque ville ; • Retard sur dossier, retard de communication sur les prononcés des jugements et arrêts des tribunaux...).
Services de l'AJR	• La majorité des exécutions des décisions sont sur l'administration demanderesse, car l'AJR ne défend que les intérêts des parties.	• Suivi ou/et contrôle après le rendu des jugements.
Exécution des décisions de justice	• L'Administration entretient de bonnes relations avec l'administration par le biais de l'Agent judiciaire et de ses cadres.	• Maintien des relations personnelles (des individus) et des liens entre l'administration et l'AJR ; • Absence de communication institutionnelle continue avec les administrations ; • Peu ou pas de réunions mensuelles ou trimestrielles (d'évaluation) pour mettre au point des axes de travail, d'échanges d'avis juridiques.
Relations avec l'Administration	• Bonnes relations de coopération avec les tribunaux en général qui sont à l'écoute et aide aux besoins les cadres (procédures, déplacement auprès de l'administration) ; • Concernant les avocats, c'est un partage de documents et de courriers.	• Planning inter division et inter service. D'où des actes qui sont reportés à une date ultérieure (déplacement fréquent des cadres) ; • Manque d'un statut particulier permettant de renforcer les capacités de présence aux tribunaux (à l'instar de l'avocat) en tant que défenseur de l'Etat ; • Non gratuité de certains actes de procédures (photocopie de documents, de jugements au sein des tribunaux) ; • Complexité des procédures (Cas des actes payés par la perception).

2-Forces et faiblesses spécifiques (Tableau n°10)

Domaine **Pole**	**Forces**	**Faiblesses**
Contentieux administratif	• Base de données juridiques et jurisprudentielles très pointue ; • Les cadres les plus anciens de l'AJR permet de réaliser à l'Etat une économie d'argent sur chaque dossier gagné ; • Appel aux avocats reste l'exception.	• Manque d'une stratégie claire de gestion des contentieux ; • Risque de jugements négatifs • Jurisprudence récente n'est pas toujours consultée (faute de temps) ; • Manque ou faible communication inter services ; manque ou faible partage de l'information.
Contentieux judiciaire	• Litiges civils en forte baisse ; • Litiges relatifs aux évacuations de logements en forte augmentation.	• Dossiers traités à raison de 60% par les avocats ; • Insuffisance de personnel et des moyens.
Etudes et procédures amiables	• Le nombre de litiges relatifs aux contentieux amiables en augmentation constante laissant donc plus d'action pour la négociation ; • le service des études s'est amélioré et s'est doté de nouveaux cadres.	• Les sociétés d'assurance ne payent pas le montant des débours demandés et se limitent à proposer des sommes dérisoires qui sont rejetées ; • Manque de véritables stratégies de négociation ou de médiation, faute de formation et de motivation suffisantes ; • Le nombre de cadres demandeurs en formation très faible ; • La bibliothèque n'est pas toujours consultée, faute de fonds documentaires récents.
Affaires répressives	• Dossiers en hausse + 200% chaque année du fait d'une part des affaires de corruption, ou de blanchiment sont mis en lumière de la justice.	• Nombre insuffisant de personnel ; • Les dossiers soumis à l'AJR sont traités à différents degrés judiciaires (soit par les cadres soit par les avocats).
Affaires commerciales et du contentieux d'arbitrage	• Nouvelle division en cours de restructuration.	• Nombre de personnel insuffisant au vu de l'augmentation des dossiers ; • Lacunes linguistiques du personnel (manque de formation en langue anglaise).
Modes et coût de saisine de l'AJR	• Les dossiers soumis à l'AJR sont traités à différents degrés judiciaires (soit par les cadres soit par les avocats).	• Le ratio de réussite des dossiers de contentieux mérite d'être renforcé davantage ; • Nécessité de production davantage d'information pertinente.
Ressources humaines	• Personnel très qualifié en droit ;	• Recrutement malthusien ; • Départ massif des cadres à la

	• Ratio femme / homme relativement équilibré.	retraite dans les cinq (5) années à venir ; • Manque ou faible partage du savoir ; • Fuite de cadres, manque de valorisation suffisante des compétences et des perspectives de carrière.
Système d'information et de communication (SIGLE, Site web Réseaux extranet, internet)	• Système SIGLE très au point et excellent outil de gestion ; • Le personnel chargé d'entrées/ sorties de documents très performants ; • Les cadres maîtrisent le système informatique ; • Le personnel informatique est compétent ; • AJR produit sa propre revue.	Personnel informatique insuffisant pour répondre à toutes les demandes ; • Le personnel se heurte à beaucoup de pare-feu informatique laissant la recherche sur le net peu utilisé ; • Communication insuffisante avec l'extérieur (peu d'ouverture sur les colloques ou rencontres scientifiques et professionnels).

Jurisprudence	• L'AJR est une des plus grandes banques de données de jurisprudence au Maroc ; • AJR peut contribuer au développement de la jurisprudence.	• Problème de communication de la jurisprudence récente. La numérisation n'est pas effective ; • Nécessité de la collecte de la jurisprudence.
Évaluation /reporting Rapport d'activité	• Rapport d'activité annuel (le seul document de communication des accomplissements de l'AJR).	• Pas de réelle évaluation continue des activités de l'AJR (impact, coût-avantage) ; • Les sommes épargnées par l'AJR pour l'Etat ne sont pas toujours mises en avant.
Avocats et honoraires	• Le nombre d'avocats partenaires est important ; • Manque de procédure ou de critères spécifiques d'accès.	• Manque de procédure d'appel d'offre ; • Pression des avocats pour la perception de leurs honoraires ; • Personnel insuffisant pour le traitement des dossiers ; • Honoraires des avocats : risques « liés aux clientélismes et relations ».

3-Opportunités et menaces de l'AJR

Tableau n° 11 : Opportunités et menaces de l'AJR

Opportunités	Menaces
• S'adapter aux nouvelles réformes institutionnelles et stratégiques (constitution de 2011, nouveau modèle de développement, loi organique des lois de finances, etc.) ; • Une institution prestigieuse défendant les intérêts de l'Etat et du citoyen mérite une réinvention d'un nouveau management stratégique et de gouvernance des contentieux (vision, leadership communication, évaluation continue des risques) ; • Apprendre des nouveautés de la nouvelle organisation judiciaire (assemblée des juridictions, médiation) ; • Nécessité d'un véritable repositionnement de l'AJR sur l'échiquier institutionnel et parmi les grands corps de l'Etat ; • Élaborer un statut particulier pour les membres de l'AJR lui assurant toutes les garanties matérielles et morales ; • Opportunités de travail : beaucoup de chantiers à réaliser : • Revoir le statut et les fondements institutionnels de l'AJR ; • Assurer une régionalisation de l'AJR ; • Réinventer une identité, faire connaître l'AJR dans son environnement ; • Création d'une cellule juridique au sein de l'AJR qui proposerait des modifications ou amendements selon l'évolution judiciaire et les lois ; • Un statut particulier doit être accordé aux cadres de l'AJR pour motiver leur travail et leur accorder une reconnaissance matérielle et morale (immunité à l'instar des avocats) ; • Des textes de lois permettent à l'AJR de pouvoir exercer un droit de regard sur l'information demandée ; • Créer un corps d'auxiliaire chargé d'effectuer les actes de procédure au sein de tous les tribunaux afin de donner aux cadres le temps de se consacrer à l'étude des dossiers contentieux qualitatifs ; • Le choix de l'avocat doit être au moins-disant ; • Former des groupes de travail (un nouveau service) qui serait chargé du suivi des dossiers après leurs jugements définitifs ou provisoires ;	• Pression probable des réseaux des avocats ; • Pression probable de travail de certaines administrations dites sensibles ; • Personnel vieillissant et insuffisant ; • Incohérence de l'organigramme, manque de veille stratégique, de coordination et d'évaluation des risques ; • Forte dépendance financière à la tutelle ; • Problème d'adhésion et de vision stratégique participative ; • Faiblesse du contrôle interne ; • Ineffectivité des TIC et risques l'altération des données ; • Maîtrise juridique des risques (contentieux, arbitrage commercial, altération des données) ; • Manque de vision prospective des capacités de l'AJR et de maîtrise du coût de la gouvernance ; • Dysfonctionnement de l'organisation et de la communication ; • Insuffisance des ressources humaines ; • Gestion et suivi de l'arbitrage commercial (marchés et contrats) ; • Limites afférentes à la formation et à la motivation matérielle du personnel ; • Déficit au niveau des accomplissements et de performance ; • Manque de structures d'audit, de contrôle interne et d'évaluation ; • Faiblesse du système de reddition des comptes, des études d'impact et de la transparence dans la gestion (liste des avocats, honoraires par catégorie d'activité, conditions et critères d'accès) ; • Manque réel d'indicateurs de performance ; • Formation souvent inadaptée ; • Lenteur des procédures ; • Faible sensibilisation sur le coût de la gouvernance du contentieux ; • Éthique et valeurs ; • Manque de formation sur les techniques et méthodes modernes de négociation, de médiation et de concertation ; • Sensibilisation sur les perspectives.

• Sensibilisation de bonne pratique de communication (boîte émail, immatérialisation des pièces, etc.) ; • Mobilité et revalorisation des cadres ; • Introduire la culture de l'évaluation du partage de l'information et des études d'impact ; • Inviter les représentants des administrations à des réunions périodiques ; • Faciliter le paiement des procédures judiciaires auprès des tribunaux ; • Établir un planning hebdomadaire pour les procédures judiciaires ; • Coordination avec l'AJCT récemment créée ; • Établir une charte d'éthique.	

TROISIEME PARTIE
ORIENTATIONS STRATEGIQUES ET LEVIERS DE REINVENTION ET D'ACTION

« Avoir des gloires communes dans le passé, une volonté commune dans le présent ; avoir fait de grandes choses ensemble, vouloir en faire encore, voilà les conditions essentielles pour être un peuple »

Ernest Renan « Qu'est-ce qu'une nation ? »

La rationalisation et l'optimisation des attributions et des prestations fournies par l'AJR (contentieux administratif, et judiciaire, études et procédures amiables, affaires répressives, affaires commerciales et du contentieux d'arbitrage) dépendent de la qualité du management adoptée dans la gestion de la complexité et du grand nombre.

Notre ouvrage consiste d'abord, à la concrétisation des bonnes pratiques de management des contentieux de l'Etat à la lumière des normes judiciaires et expériences internationales réussies et ensuite, contribuer à la promotion des principes et des valeurs de la gouvernance stratégique des contentieux au sein de l'AJR selon une approche pragmatique et intégrée.

A cet égard, notre projet d'appui, dans cette étude, en faveur de l'AJR distingue sept (7) orientations stratégiques fondamentales résidant dans les éléments caractéristiques suivants qui sont :

- orientation stratégique n° 1 : la consolidation des capacités institutionnelles, stratégiques et humaines de l'AJR ;
- orientation stratégique n° 2 : mettre en place un statut, un plan de formation et un système de motivation des corps administratifs et techniques de l'AJR ;
- orientation stratégique n°3 : instauration des structures de communication, de médiation et d'audit stratégique et de performance au sein de l'AJR ;
- orientation stratégique n°4 : conception et repérage des risques à mettre sous contrôle et sans négligence- risques opérationnels des contentieux de l'Etat ;
- objectif stratégique n°5 : mettre la légalité la performance au cœur de la gouvernance stratégique des contentieux de l'Etat ;
- orientation stratégique n°6 : généraliser et sécuriser l'usage des TIC dans toutes les activités des contentieux de l'Etat ;

- orientation stratégique n°7 : la conception d'une nouvelle stratégie de coopération internationale de gouvernance du contentieux et de l'arbitrage commercial.

ORIENTATION STRATEGIQUE N° 1

LA CONSOLIDATION DES CAPACITES INSTITUTIONNELLES, STRATEGIQUES ET HUMAINES DE L'AJR

L'AJR est une direction centrale du MEF. L'ordre judiciaire aura besoin d'un repositionnement plus élevé de l'institution. Pour garantir la gouvernance stratégique des contentieux de l'Etat il est question de renforcer les capacités stratégiques, institutionnelles et humaines de l'agence.

Les exigences de l'Etat de droit suffisent à démontrer la pertinence de la réforme de l'AJR au service de l'équité, de la reddition des comptes et de la défense des intérêts des justiciables dans la société.

I. De la bonne pratique de la gouvernance des contentieux et indicateurs internationaux de l'Etat du droit

S'engager à souscrire aux principes, droit et obligations énoncés dans les chartes et les conventions internationales

L'AJR dans l'approche des contentieux de l'Etat devrait s'inspirer de la doctrine et du droit comparé en matière de l'exercice de ses attributions relatives notamment à l'arbitrage commercial international (division récemment créée à cet effet) par la formation de son personnel, la collecte des pratiques jurisprudentielles et par sa présence dans les congrès, les colloques et les rencontres internationaux organisés par les organismes concernés (Nations unies, CNUDCI, OMC, OCDE) dans le but de contribuer à la défense des intérêts de l'Etat par le biais de l'édification de la diplomatie judiciaire, de la gouvernance du contentieux et du rayonnement du pays à l'échelon mondial, continental et arabe.

A cet effet, elle est appelée à s'inspirer également aussi bien dans l'exercice de ses attributions juridiques que extra juridiques des principes énoncés dans la constitution de 2011 énonçant que « *Mesurant l'impératif de renforcer le rôle que lui revient sur la scène internationale, le Royaume du Maroc, membre actif au sein des organisations internationales, s'engage à souscrire aux principes, droits et obligations énoncés dans leurs chartes et conventions respectives ; il réaffirme son attachement aux droits de l'Homme tels qu' ils sont universellement reconnus, ainsi que sa volonté de continuer à œuvrer pour préserver la paix et la sécurité dans le monde ».*

Loi type de la CNUDCI sur l'arbitrage commercial international en 1985, les amendements adoptés en 2006 et les règlements et recommandations de 2016

La Commission des Nations Unies pour le droit commercial international (CNUDCI) est un organe subsidiaire de l'Assemblée générale. Elle joue un rôle important dans les domaines suivants :

- L'amélioration du cadre juridique du commerce international en élaborant des textes internationaux à caractère législatif devant aider les États à moderniser le droit commercial international et des textes à caractère non législatif destinés à faciliter les négociations, l'arbitrage entre parties commerciales à des transactions transparentes notamment entre les Etats et investisseurs [35].

- Les textes à caractère législatif de la CNUDCI portent sur :

- La vente internationale de marchandises ;
- Le règlement des différends commerciaux internationaux (arbitrage, conciliation) et commerce électronique ;
- L'insolvabilité ;
- Le transport international de marchandises ;
- Paiements internationaux ;
- La passation de marchés et la construction d'infrastructures ;

[35] La CNUDCI a permis l'organisation des procédures arbitrales en 1996 et en 2016 en vue d'un usage général et universel. Elle offre également un ensemble complet de règles de procédure et des recommandations à l'intention des institutions d'arbitrage. En 2013, elle a élaboré le Règlement de la CNUDCI sur la transparence dans l'arbitrage entre investisseurs et États fondé sur des traités, dont l'application est promue par la Convention des Nations Unies sur la transparence dans l'arbitrage entre investisseurs et États fondé sur de traités (New York, 2014), également appelée Convention de Maurice sur la transparence. Entrée en vigueur en 2017 celle- ci a permis d'instaurer un mécanisme innovant et efficace qui complète les traités d'investissement existants (conclus avant avril 2014) pour ce qui est des obligations relatives à la transparence.

- Sûretés.

-Les textes à caractère non législatif comprennent des règles d'arbitrage et de conciliation (organisation et la conduite des procédures arbitrales).

Indicateurs de l'Etat de droit des Nations Unies -guide d'application et outils de gestion de projet (2012)

- **Performance :** les institutions fournissent des services efficients et efficaces accessibles à la population et sensibles à ses besoins.
- **Intégrité, transparence et redevabilité :** les institutions opèrent de façon transparente et avec intégrité et sont tenues pour responsables au regard des normes et des règles de conduite.
- **Traitement des membres des groupes vulnérables :** Comment les institutions de justice pénale traitent les minorités, les victimes, les mineurs ayant besoin de protection ou en conflit avec la loi et les malades mentaux.
- **Capacité :** les institutions disposent des ressources humaines et matérielles nécessaires pour exercer leurs fonctions et des moyens administratifs et gestionnels permettant de déployer ces ressources efficacement.

PNUD et gouvernance judicaire (2008-2012)

Ses recommandations résident dans les éléments suivants :

- Lutter contre l'impunité et renforcer l'accès à la justice ;
- Contribuer au changement des comportements par la mise en œuvre d'une stratégie de communication ;
- Prendre en charge les victimes de violences sexuelles par un accompagnement médical et psycho-social ;
- Réinsérer socio économiquement les victimes ;
- Renforcer les capacités des mécanismes de coordination.

Figure n° 6

Indicateurs nationaux de la gouvernance du contentieux et nouvelle organisation judiciaire du Royaume (2023)

A l'échelon national, l'AJR est appelée à s'adapter aux nouveautés de la nouvelle organisation judiciaire du Royaume (Loi n°38-15 entrée en vigueur le 15 janvier 2023)[36] résidant notamment dans les éléments suivants :

1. Le prononcé des verdicts dans des dates connues des parties ;
2. L'activation des procédures de conciliation et de médiation pour la résolution des litiges ;
3. L'organisation de l'avis diverge lors du délibéré ;
4. L'activation du rôle des bureaux d'aide sociale ;
5. Ou encore la dénomination des tribunaux ;

---

[36] La nouvelle loi n°38.15 relative à l'organisation judiciaire a été adoptée par la Chambre des représentants le 23 mai 2022 et promulguée au BO du 14 juillet 2022. Par le biais d'une circulaire diffusée le jeudi 8 décembre 2022 par le Conseil supérieur du pouvoir judiciaire (CSPJ).

6. Le Conseil supérieur du pouvoir judiciaire (CSPJ) entend expliciter les nouveautés de ce texte et les modalités de leur mise en œuvre, conformément aux missions assignées au Conseil en matière d'encadrement et de sensibilisation ;

7. Consolider l'interopérabilité : Il s'agit d'un facteur clé dans le processus de renforcement des capacités de l'AJR. Car elle permet l'interconnexion de différents services fournis aux différents partenaires et acteurs (Administration, tribunaux, auxiliaires de la justice, AJCT). En conséquence cette interopérabilité peut constituer une condition décisive d'innovation et d'enrichissement de l'écosystème juridique du contentieux ; en termes de communication et d'échange d'informations et d'ouverture ;

8. S'adapter au nouveau texte sur l'organisation judiciaire et tisser des liens fonctionnels notamment avec les bureaux des tribunaux (article 26 de la loi n° 38-15 sur la nouvelle organisation judiciaire de 2022) et l'assemble générale des tribunaux créés en vertu de la même loi).

Tableau n°12 : Fondements constitutionnels de la gouvernance de la justice

Pouvoir judiciaire	**Titre VII**
Inamovibilité	Art.108
Indépendance et influence du juge de manière illicite	Art. 109
Tout manquement de la part du juge à ses devoirs d'indépendance et d'impartialité constitue une faute professionnelle grave	Art.109
Application impartiale de la loi	Art.110
Liberté d'expression en compatibilité avec son devoir de réserve et d'éthique judiciaire	Art.111
Conseil supérieur du pouvoir judiciaire	Art.112
Application de garanties accordées aux magistrats (indépendance, nomination, avancement, retraite, discipline)	Art.113
Elaboration des rapports sur l'état de la justice et du système judiciaire	Art.113
Présentation des recommandations appropriées sur la justice et le système judiciaire	Art.113
Droits des justiciables et règles de fonctionnement de la justice	Art.117
Le juge est en charge de la protection des droits et liberté et de la sécurité judiciaire des personnes et des groupes et l'application de la loi	Art.117
L'accès à la justice est garanti à toute personne pour la défense de ses droits et de ses intérêts protégés par la loi	Art.118
Tout acte de nature réglementaire ou individuelle pris en matière administrative peut faire l'objet de recours devant la juridiction administrative compétente	Art.118
Le droit au procès équitable et un jugement rendu dans un délai raisonnable	Art.120
Les dommages causés par une erreur judiciaire ouvrent droit à une réparation à la charge de l'Etat	Art.122

Audience publique	Art.123
Motivation des jugements	Art.125
Les jugements définitifs s'imposent à tous	Art.126
La police judiciaire agit sous l'autorité du ministère public (enquête, investigations, arrestation des délinquants et établissement de la vérité).	Art.128

Création d'un cadre favorable à la mobilisation des acteurs et des compétences et à l'instauration d'une dynamique de confiance et de changement

1- Eléments d'une stratégie de management des actions

- L'AJR et ses acteurs institutionnels peuvent jouer un rôle primordial dans le développement de la gouvernance des contentieux et dans l'ancrage des valeurs de justice dans l'administration. C'est à eux que revient la proposition des avis et des consultations des projets de formation du personnel et de la promotion de la jurisprudence et par ricochet l'accompagnement du changement ;

- L'AJR aura besoin d'une *stratégie de pilotage* permettant de renforcer ses capacités institutionnelles et stratégiques. Ce qui permet de limiter les risques issus de la myopie relationnelle et opérationnelle ;

- Cette stratégie permet de faire l'état des lieux, le fonctionnement et le pouvoir d'apprécier la pertinence et l'efficacité des actions ;

- Ce système de pilotage se traduit par la mise en place d'une série de mesures pratiques :

- Stratégie de communication interne et externe ;
- Stratégie de contrôle de gestion et d'indicateurs de performance ;
- Stratégie de maîtrise de la gestion des contentieux ;
- Stratégie d'évaluation et de suivi ;
- Stratégie de valorisation et de consolidation des ressources humaines et financières et par ricochet la formation, la mobilisation, la motivation et l'adhésion.

Cette constatation est fondamentale dans la réussite de tout processus d'innovation organisationnel et stratégique.

2- **Instauration d'une dynamique vertueuse de changement et d'une nouvelle pédagogie de gouvernance**

- La réforme entraîne des résistances psychologiques au changement ce qui nécessite l'adoption d'une nouvelle approche pédagogique de gestion et veiller à l'humanisation des relations de travail au sein de l'AJR et ses différents réseaux dans l'administration et l'ordre judiciaire ;
- Le processus d'humaniser les relations de travail au sein de l'AJR devrait se manifester par la recherche des solutions de concertation, de cohésion et d'affirmation des projets.

Figure n°7 : Le processus de négociation et de médiation

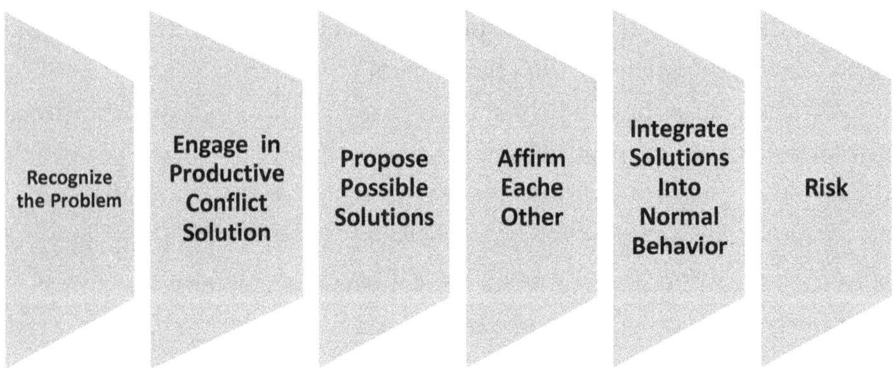

3- Cas de quelques phénomènes de résistance au changement

- Nous avons déjà essayé cela auparavant,
- Cet endroit est différent,
- Cela coûte trop cher,
- Cela dépasse le cadre de nos responsabilités,
- Nous sommes très occupés pour faire cela,

- Ce n’est pas de mon ressort,
- Ce changement est trop radical,
- Nous n’avons pas le temps,
- Il n’y a pas assez d’aide,
- C’est trop petit ici,
- Ce lieu ne se prête pas,
- Les employés ne l’accepteront pas,
- Les syndicats s’y opposeront violement,
- Nous ne l’avons jamais fait auparavant,
- Cela va à l’encontre des règlements,
- Cela augmente les frais,
- Nous n’avons pas le pouvoir,
- C’est trop contraignant,
- Revenons sur terre,
- Ce n’est pas notre problème,
- Pourquoi changer ? cela fonctionne encore mieux,
- Vous avez raison mais…,
- Nous n’avons pas le personnel adéquat,
- Vous avez deux ans d’avance,
- Cela n’entre pas dans le budget,
- C’est intéressant, mais irréaliste,
- On va y réfléchir,
- La direction ne sera jamais d’accord,
- Mettons cela par écrit,
- Nous perdrons de l’argent à long terme,
- Personne n’a jamais tenté cela,
- Laissons les choses en l’état pour le moment,
- Formons un comité,
- Qui a déjà essayé cela ?
- Ce que vous dites, en d’autres termes…,
- Cela peut fonctionner dans votre département mais pas dans le mien,
- Le comité de direction ne le permettra jamais,
- Ne pensez – vous pas que nous devrions y penser davantage avant d’agir ?

- Laissons cette idée faire son chemin,
- Cela ne sera pas payant,
- Je connais quelqu'un qui a tenté la même chose,
- Nous avons toujours procédé ainsi,
- C'est abominablement complexe,
- Que dira le président ?

Restructuration et modernisation de la gouvernance du contentieux

Il s'agit de **:**

- doter le personnel administratif et technique de tous les moyens matériels et humains et de la formation nécessaire (gouvernance des risques judicaires, doctrine et jurisprudence, droit comparé, arbitrage commercial, textes législatifs, bibliothèque numérique, etc.) ;

- mettre en œuvre des indicateurs de performance.

Dans ce processus de réforme, il s'agit d'investir :

- Les acquis de l'approche de contractualisation et du respect des engagements pris dans le processus de la mise en œuvre de la réforme ;
- De réinventer des structures et des actions à la lumière de la nouvelle organisation judiciaire, de la loi organique relative aux lois de finances, des rapports et des recommandations de la Cour des comptes, des instances de régulation et de contrôle (Rapports des instances de gouvernance) ;
- Les divers chantiers de réforme initiés par le gouvernement consistant à développer la gestion axée sur les résultats et en vue d'assurer la transparence et la performance[37].

1- Actions en faveur de la gouvernance stratégique de l'AJR et du contentieux

Le développement de la gouvernance stratégique du contentieux au sein de l'AJR nécessite notamment :

---

[37] Mohamed Harakat « Les finances publiques à l'épreuve de la transparence et de la transparence », Edition L'Harmattan, Paris, 2011.

- la réforme du statut d'action des membres de l'agence ;
- le développement des manuels de procédures ;
- des ressources humaines suffisantes ;
- l'évaluation continue des risques ;
- un environnement propice à son développement.

2- Les leçons de l'approche de contractualisation Etat – établissement public et de la loi organique des finances

La contractualisation a fixé un ensemble d'obligations à la charge des établissements publics parmi lesquelles figure l'instauration d'un comité interne de suivi et d'évaluation. Une structure similaire peut être instaurée au sein de l'AJR et ses réseaux.

Une telle structure aura pour mission :

- L'examen des rapports d'avancement des projets et du rapport annuel ;
- L'examen de l'état d'avancement de la réalisation des objectifs et indicateurs ;
- La proposition des solutions appropriées pour dépasser les blocages au sein de l'AJR, ses justiciables et ses partenaires ;
- Le suivi de la mise en place des indicateurs de suivi .

Les engagements de l'Etat

- Le budget d'investissement et de fonctionnement ;
- Les postes budgétaires nécessaires à la mise en œuvre des objectifs de développement.

Les engagements de l'AJR

- Atteindre des objectifs chiffrés ;
- Développer l'offre de services ;
- Le renforcement des compétences des personnels par la mise en œuvre d'un programme de formation continue adéquat ;

- L'amélioration de la gouvernance de l'AJR par :
- La mise en œuvre de mesures d'optimisation et rationalisation des ressources humaines et financières ;
- L'accélération du rythme d'exécution des programmes ;
- La mise en place d'un dispositif de contrôle interne ;
- La mise en place des structures de suivi et de développement stratégique ;
- Le développement du système d'information et Gestion ;
- La structuration des interfaces AJR –Administration ;
- Le renforcement de la coopération internationale ;
- La présentation de l'état d'avancement des projets en cours, les difficultés rencontrées et les propositions de mesures pour les surmonter ;
- Le plan d'action détaillé de l'année budgétaire qui suit au plus tard le 15 juin de l'année en cours ;
- Un rapport annuel d'activité en fin d'exercice (réalisations physiques et comptables des projets, les mesures et actions prévues).

Limites de l'AJR

L'AJR fait l'objet de contrôle hiérarchique du département de tutelle en tant que direction centrale du ministère des finances. Ses décisions ne sont définitives qu'après leur approbation par ce département.

Les approbations portent sur les actes suivants :

- Le budget ;
- Les états prévisionnels ;
- Le statut du personnel ;
- L'organigramme fixant les structures organisationnelles et les attributions (nomination par décision du directeur- adjoint).

Relever les défis institutionnels et maîtriser les coûts de la gouvernance

Pour relever les défis de la gouvernance on envisage dans ce projet :

- La nécessité de sensibiliser la hiérarchie et les divers acteurs institutionnels de la pertinence de la réforme institutionnelle et stratégique de l'AJR dans le processus de l'accomplissement des missions qui lui sont assignées ;

- La bonne définition des missions et responsabilités de chaque niveau de responsabilité (qui fait quoi, comment ?) et les impératifs de coordinations et d'ouverture ;

- Développer des structures de contrôle interne (séparation de tâche, incompatibilité, manuels de procédure).

Objectifs et mesures d'accompagnement

- instaurer un cadre de gouvernance stratégique plus performant et plus équitable ;

- développer un leadership participatif (vision stratégique, plan d'action clair et flexible, mobilisation des compétences) ;

- assurer un pilotage stratégique de l'AJR avec un plan de développement à moyen et long terme ;

- développer l'échange de l'information, l'ouverture de l'AJR sur son environnement ;

- rompre avec la lenteur administrative, en libérant l'efficacité et la performance dans la gouvernance des contentieux (indicateurs de performance, sondage d'opinion, communication, création et innovation) ;

- établir un contrôle interne des honoraires des avocats (critères d'accès, liste, nombre, accomplissements, spécialisation, performance, coût) ;

- bâtir une identité de l'AJR fondée sur l'ouverture, l'innovation, la formation, la diplomatie commerciale au service de l'investissement, la performance et l'accomplissement.

Mesures pratiques de réinvention

- réfléchir sur une nouvelle position administrative adéquate de l'AJR et de ses membres, à la lumière des expériences étrangères (Royaume- Uni,

Espagne, Italie, Egypte) et les bonnes pratiques de gouvernance des contentieux de l'Etat ;

- initier le débat sur les possibilités de la régionalisation de l'AJR auprès des tribunaux pour une rationalisation des coûts d'action de l'institution ;

- booster la création et le débat au sein de l'AJR ;

- promouvoir des recherches doctrinaires, de la formation continue et de l'organisation des séminaires sur les missions de l'AJR et du droit comparé portant notamment sur la division des affaires commerciales et contentieux d'arbitrage, récemment créée ;

- rendre l'espace agréable à l'épanouissement du personnel ;

- développer la communication, institutionnelle, humaine et stratégique ;

- réfléchir sur les critères de l'accès des avocats à l'AJR (maîtrise des honoraires accordés, indicateurs de performance, contrats et marchés, transparence) ;

- évaluation continue, audit interne et de performance ;

- initier l'évaluation par les pairs ;

- instaurer un système de contrôle interne et de maîtrise des risques juridiques.

Quelques scénarios possibles d'une institutionnalisation plus élevée de l'AJR

De multiples scénarios peuvent être envisagés dans le processus de la réforme des structures institutionnelles de l'AJR **:**

1. Scénario 1 : Sous forme de direction générale au sein du ministère des finances coiffant des directions fonctionnelles ;

2. Scénario 2 : Intégrer l'AJR aux services du chef de gouvernement ;

3. Scénario 3 : Concevoir l'AJR comme un grand corps judiciaire de l'Etat sous forme d'organisme constitutionnel indépendant, à l'instar du modèle égyptien.

ORIENTATION STRATEGIQUE N° 2

METTRE EN PLACE UN STATUT, UN PLAN DE FORMATION ET UN SYSTEME DE MOTIVATION DES CORPS ADMINISTRATIFS ET TECHNIQUES DE L'AJR

Le personnel administratif et technique joue un rôle primordial dans le développement de l'AJR et l'amélioration de l'offre des services. D'où la nécessité de sa mobilisation, sa motivation et son adhésion au projet du changement.

A cet effet, Il s'agit de relever les défis de la formation continue et de concevoir des modalités des motivations matérielles et morales diverses à accorder aux membres de l'AJR.

Relever les défis de la formation continue

La formation continue du personnel constitue un pilier fondamental de développement des capacités institutionnelles et stratégiques de l'AJR.

Dans la mise en œuvre de ce projet ambitieux les responsables des différents services opérationnels devront répondre ensemble à une forte et éparse demande de formation continue en contribuant à l'identification de leurs besoins en la matière.

En fait, l'AJR devrait consacrer à la formation des membres de l'AJR (personnel administratif et technique) une priorité particulière.

Il s'agit de leur assurer une formation continue et adaptée à leurs tâches et des motivations matérielles (statut, immunité et inamovibilité, prime, promotion, perspectives de carrière, etc.).

La formation devrait être focalisée sur la pratique de la gouvernance des contentieux de l'Etat au sein de l'AJR, comme l'illustre le tableau ci-après :

Tableau n°14 : Quelques éléments du projet de formation continue portant sur les activités opérationnelles et spécifiques de l'AJR

Formation dans le domaine des activités opérationnelles de l'AJR	**Domaines spécifiques de formation continue**
Gouvernance de la pleine juridiction	Gouvernance de la nouvelle organisation judiciaire
Gouvernance des recours en annulation	Contrôle interne et prévention du contentieux, Critères d'évaluation de performance de la justice et des contentieux
Gouvernance des études et procédures à l'amiable	Médiation et négociation
Gouvernance des contentieux judicaires	Communication avec le système judiciaire
Gouvernance des affaires pénales	Audit stratégique des contentieux
Gouvernance des affaires commerciales et contentieux d'arbitrage (division nouvellement créée)	Missions de la Commission des Nations Unies pour le droit commercial international (CNUDCI) Passation des marchés publics et les PPP Médiation en matière de différends sur les marchés publics Contrôle d'arbitrage de l'investissement et de la prévention Anglophonie
Gouvernance et contrôle interne des contentieux	Passation des marchés publics et les PPP.

Gouvernance et performance	Audit de la performance
Audit de performance et d'évaluation des risques	Contrôle interne et risques judicaires

Les motivations matérielles

L'AJR devrait revaloriser les primes et les motivations matérielles accordées aux différentes catégories du personnel selon des critères de mérite et de rendement et ce à l'instar de celles servies dans les autres directions du département de l'économie et des finances.

Le besoin d'estime et de reconnaissance

- Le travail dans le domaine judiciaire est une activité complexe (manque de statut particulier pour les fonctionnaires délégués, pression du quotidien, gestion du grand nombre, insuffisance des moyens, puissance de la bureaucratie, le personnel qui n'a pas toujours le moral).
- Les conditions de promotion sont très limitées.
- La mobilité interne devrait être encouragée par la prise de mesures diverses (détachement) pour permettre au personnel d'aller diversifier leurs savoirs au contact d'autres institutions (ordre judiciaire, administration, entreprise) et réalités que l'AJR, ce qui leur permet d'enrichir leur expertise et leur savoir.
- La mobilité du personnel est également enrichissante dans le but d'occuper des missions dans des tribunaux ou des responsabilités dans les organisations internationales, ou d'enseigner dans des universités ou d'institutions académiques.
- Une telle mobilité suppose des financements adaptés, l'acquisition des compétences linguistiques, des accords d'échange, des conditions d'accueil dignes du personnel de l'AJR.
- Nécessité d'une institutionnalisation plus élevée de l'AJR qui sera bénéfique pour la protection des intérêts de l'Etat et des droits des différents justiciables (citoyens, entreprises et organismes publics).

Garantir des conditions favorables de travail

- Convivialité, ambiance de travail, équipement fonctionnel, avantages matériels, épanouissement, sont autant de points qui jouent en faveur de la motivation du corps du personnel administratif et technique.
- L'administration n'offre pas toujours de conditions favorables à l'épanouissement du personnel (bureau, assistants, documentation information ou connexion à l'internet).
- L'AJR devrait fournir un effort considérable à l'amélioration des conditions de travail des cadres (immunité, communication, partage des connaissances, documentation juridique, bibliothèque numérique, jurisprudence).

Améliorer les conditions de communication

- Le personnel a souvent le sentiment de n'être pas compris par leurs hiérarchies d'appartenance ou par d'autres interlocuteurs (accueil par les juridictions, administrations, chefs de service ou de division au sein de l'AJR).
- Un effort de communication au sein des services opérationnels mérite une attention particulière.

Doter l'AJR de profils pointus de personnel

L'AJR souffre de l'insuffisance du personnel administratif et technique considérant l'importance des dossiers à traiter et le manque de motivations adéquates. Les contraintes de l'AJR résident dans les éléments caractéristiques suivants :

- Textes inadaptés, manque de statut particulier adéquat des cadres administratifs chargés de la représentation de l'AJR et la défense des intérêts de l'Etat considérant la spécificité des fonctions qui leurs sont dévolues ;
- Incohérence des taux d'encadrement au sein de l'AJR ;
- Manque ou faiblesse des motivations ;

- Insuffisance des cadres ingénieurs informatistes ;
- Manque de structures de communication, de médiation ou d'audit interne ;
- Manque de service ou de cadres rodés dans le domaine de la conciliation et de médiation.

Ainsi, une évaluation préliminaire de l'état des lieux des ressources administratives nous permet de faire les constatations suivantes :

- Faible encadrement total ;

- Incohérence dans la gestion des ressources et des compétences humaines ;

- Les membres de l'AJR gèrent des grands nombres de dossiers contentieux sous la pression. Ils ne bénéficient pas de programmes de formation organisée et continue.

- Ils ne sont pas motivés à l'instar d'autres directions du ministère des finances, des avocats ou du personnel des établissements publics ou des magistrats.

ORIENTATION STRATEGIQUE N°3

INSTAURATION DES STRUCTURES DE COMMUNICATION, DE MEDIATION ET D'AUDIT STRATEGIQUE ET DE PERFORMANCE

Instauration des structures et des pratiques de communication stratégique

Il incombe à l'AJR de développer des valeurs tant de la communication interne qu'externe.

La communication interne

Celle-ci devrait se manifester par :

- L'organisation des rencontres périodiques avec le personnel administratif (cérémonie de la rentrée judiciaire, réunions, séminaires, notes de service, sites inter ou intra- office) ;
- La production des rapports, des recommandations et des comptes rendus ;
- L'évaluation continue du système de communication et des risques ;
- L'élaboration des enquêtes et des recherches.

La communication externe

Elle permet de :

- Communiquer avec l'environnement et les partenaires sociaux-économiques (structuration de l'interface AJR – système judiciaire, administration, entreprise, opinion publique) ;
- Etablir une série de supports (fiches, rencontres, dépliants, conférences, séminaires, diners -débats, rapports d'activité) ;
- Favoriser l'émergence des sites communicants et une communication organisée ;

• Etablir une communication rationnelle et à moindre coût[38] .

Figure n°8 : Composante et acteurs de la communication stratégique

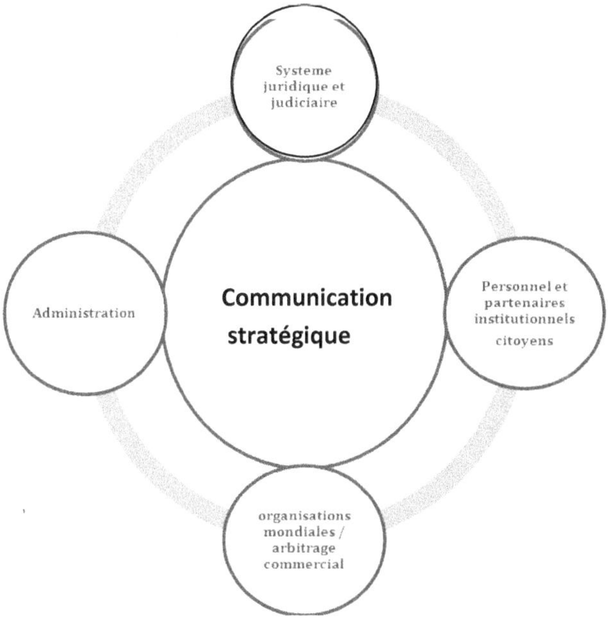

[38] Rationaliser le coût de la communication. Les épistémologues disaient : tout est communication et « *trop de communication tue la communication* ».

Mise en place d'une structure d'audit stratégique et organisationnel (Figure n°9)

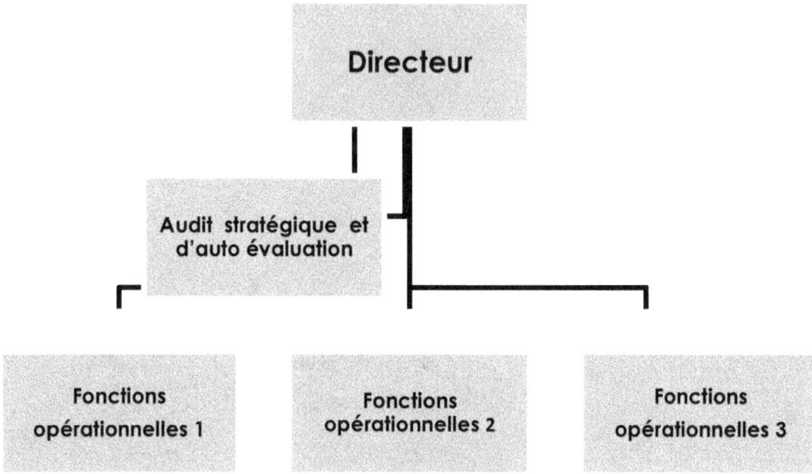

Consolidation des structures performantes d'interface AJR – Administration, ordre judiciaire, Investissement

• Créer des *structures performantes d'interface AJR – Administration et les divers acteurs institutionnels pour* s'insérer à son environnement régional, local, national et international ;

• Promouvoir la *découverte de nouveaux partenaires (nationaux, régionaux et internationaux et faire* de l'entreprise, des départements ministériels, des collectivités territoriales (à travers l'AJCT) et la société civile de véritables partenaires de développement.

Mise en place d'un médiateur /facilitateur

Il s'agit d'une **fonction consultative** interne permettant de faciliter la médiation et le règlement des litiges à l'amiable (comme prévu dans le cadre de la division chargée des études et des procédures à l'amiable).

1. Objectifs et missions du médiateur

• Apprendre et partager les valeurs de la médiation, la négociation, le dialogue au sein de l'administration, des justiciables et des divers acteurs institutionnels ;

• Contribuer au renforcement de l'effectivité des lois et des règlements au sein de l'administration (légalité et performance) ;

• Statuer sur certains conflits personnels et spécifiques du contentieux administratif et judiciaire ;

• S'assurer de la qualité des décisions et que les requérants et parties prenantes soient traités avec justice et équité dans le respect des droits fondamentaux ;

• Recevoir les plaintes et les demandes d'information et de conseils ;

• Faire enquête lorsqu'il le juge nécessaire et de transmettre ses recommandations à l'AJR, aux personnes ou aux organismes concernés ;

• Contribuer à l'amélioration des pratiques de la gouvernance du contentieux et de la transparence judiciaire et d'équité (information, formulation de propositions de concertation, évaluation) ;

- Systématiser la consultation avec les partenaires et l'administration dans le processus de développement de la qualité des services rendus ;
- Inscrire l'action judicaire dans le cadre de la constitution, de la nouvelle organisation judiciaire de 2023 et du nouveau modèle de développement et de la régionalisation avancée ;
- Sensibiliser l'administration, les citoyens et les particuliers de la nouvelle réforme de l'organisation judiciaire et la nouvelle génération de droits humains, économiques, sociaux, culturels et environnementaux ;
- Assurer et consolider l'impartialité, l'indépendance, la confidentialité et la protection des intérêts de l'Etat et des requérants ;
- Produire des rapports périodiques et annuels d'activité.

2. Pertinence et efficacité du médiateur / facilitateur

- Intégrer la culture de la médiation dans un dispositif institutionnel cohérent, ramifié et communicant dans la société ;
- Créer un dernier recours, quand les institutions les plus proches, de premier niveau n'ont pas donné les résultats escomptés ;
- Créer une demande de médiation servant à aider à la solution des conflits et des flux de contentieux ;
- Apporter le conseil et l'assistance à la hiérarchie et aux membres de l'AJR en matière de justice et d'équité ;
- Assurer le traitement juste et équitable des requêtes ;
- Créer le reporting (production continue des rapports) et la publicité sur l'état des conflits en collaboration avec l'administration.

3. Modalités pratiques de mise en place de la structure de médiateur

Phase I : Phase de sensibilisation et de recherche de la plus grande adhésion :

- Prise de contact /consultation avec les personnes ressources ;

- Organisation d'une journée d'étude sur les raisons de la mise en place du fonctionnement, de l'institution de médiateur, de sa mission et de son apport à la gouvernance des contentieux de l'Etat ;
- La préparation d'une mission d'études dans un pays ayant une expérience probante dans le management des contentieux dans un espace analogue, constitue un atout.

Phase 2 : La mise en place de la structure :

- Conditions et profils ;
- Appel à candidature de personnes qui possèdent les qualités particulières que requiert cette fonction (comité chargé de la présélection) ;
- Durée de mandat (03 ans à 5ans) ;
- Statut et motivations du médiateur ;
- Installation officielle du médiateur (prestation de serment).

Mise en œuvre des indicateurs de performance et de contrôle de gestion

1- Les indicateurs de la performance

La contractualisation, comme souligné auparavant, a fixé un ensemble d'obligations à la charge des établissements publics parmi lesquelles figure l'instauration d'un comité interne de suivi et d'évaluation et la mise en place des indicateurs de performance. Une structure similaire peut être instaurée au sein de l'AJR.

Figure n°10 : Logique de la performance des actions des contentieux de l'Etat

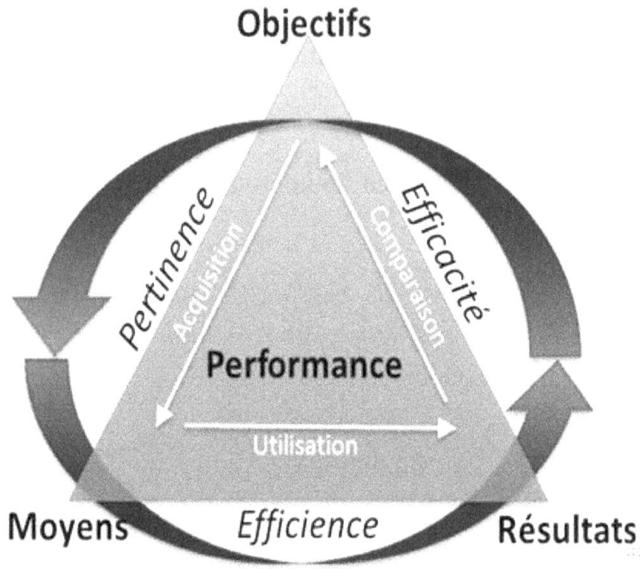

Un comité de suivi et d'évaluation similaire peut être également installé au sein de l'AJR. Il aura pour mission :

- L'examen des rapports d'avancement des affaires contentieuses et des jugements ;
- L'examen de l'état d'avancement de la réalisation des objectifs et des indicateurs ;
- La proposition des solutions appropriées pour dépasser les blocages ;
- Le suivi de la mise en place des indicateurs de suivi et d'audit ;
- La proposition de déblocage des subventions ;
- L'évaluation des coûts et des avantages (rendement) de la gouvernance du contentieux de l'Etat et des collectivités territoriales.

En fait, l'instauration de ses structures de suivi, d'évaluation et d'audit au sein de l'AJR permettra de développer des mécanismes innovants de contrôle interne, d'évaluation continue des risques juridiques et de la reddition des comptes.

2 - Le contrôle de gestion

Il s'agit pour l'AJR de consolider son **système de pilotage** par le bais de la mise en œuvre des tableaux de bord et des indicateurs divers. Le but est de :

- Fixer des objectifs et d'assurer la maîtrise de la gestion et ses actions et programmes ;
- Améliorer le rythme de la prise de décision et de faire des choix stratégiques pertinents ;
- Suivre l'activité et les réalisations ;
- Avoir en temps réel, les données liées à l'activité des différents services ;
- Procéder aux ajustements nécessaires pour atteindre les objectifs fixés ;
- Mettre à la disposition, des différents acteurs et partenaires (hiérarchie, Administration, justice, personnel, une information pertinente liée aux différentes activités de l'AJR) ;
- Transformer en profondeur des modes de gestion dominante en vue *de réaliser des résultats pertinents tangibles et quantifiables* au service de l'Etat et du citoyen.

Figure n°11 : Logique et processus de gestion axée sur le résultat (GAR)

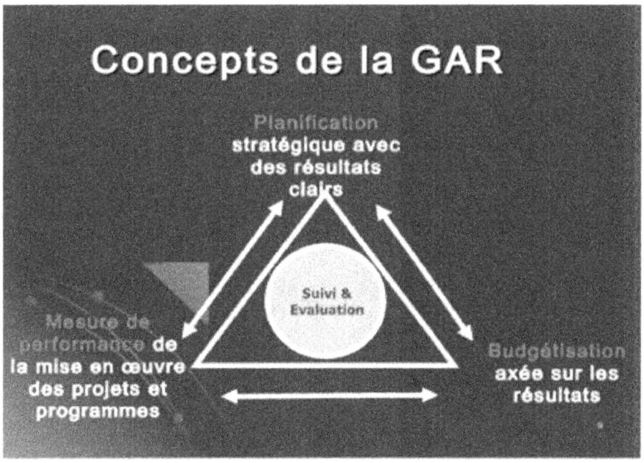

Ce qui suppose :

• La réhabilitation et l'instauration d'une culture du résultat, de l'efficacité, de l'audit et de l'évaluation au sein de l'AJR ;

• La définition clairement les responsabilités ;

• La fixation des objectifs précis aux responsables des projets, en leur donnant les moyens de les atteindre et en mesurant les réalisations à tous les niveaux des structures de l'AJR ;

• L'adoption d'une approche nouvelle, fondée sur une démarche-Projet (conception, exécution, dysfonctionnement, évaluation) comme l'illustre la figure n° 12 ci-après :

Démarche projet (Figure n°12)

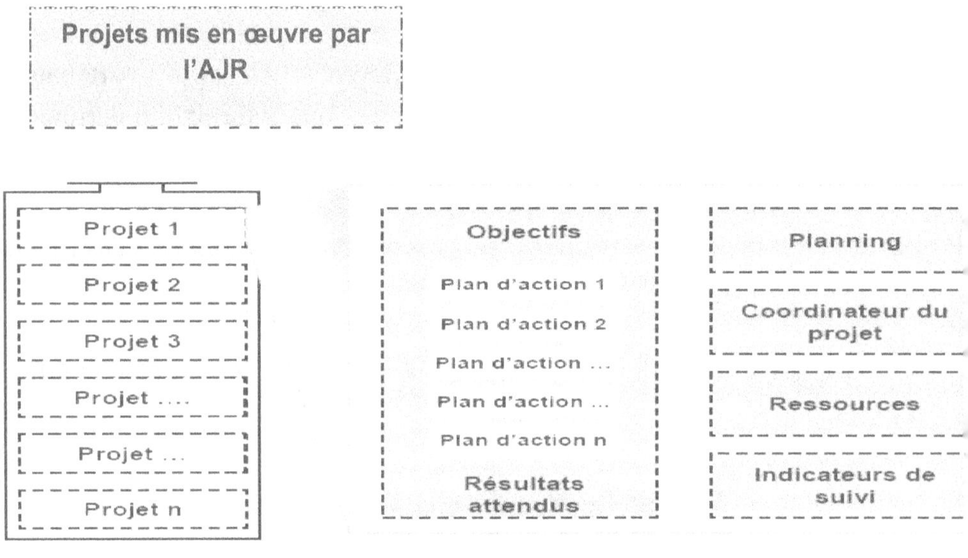

L'introduction de la méthode d'évaluation par les pairs

Le processus d'examen par les pairs a pris naissance avec l'OCDE, en 1961. C'est grâce à la réussite de cette expérience de l'OCDE que cette formule a été adoptée par d'autres organisations internationales (INTOSAI, pays de l'Union Africaine) et nationales[39].

Cette méthode de l'évaluation permet pour l'AJR :

- D'établir un examen, par l'un ou les divers divisions, services et comités de l'AJR, de la performance ou des pratiques dans leurs domaines particuliers d'action (pleine juridiction, recours en annulation, études et procédures à l'amiable, contentieux judiciaires, affaires pénales, affaires commerciales et contentieux d'arbitrage, médiation, etc.) ;
- L'échange de points de vue entre les parties qui se situent sur un même pied d'égalité, et non d'une audition par une instance supérieure rendant un jugement contraignant ou imposant une sanction, ce qui ajoute encore à la souplesse de l'instrument ;
- D'aider les services examinés à améliorer leur gouvernance des affaires et des dossiers en vue d'adopter des pratiques optimales et à se conformer à des procédures, normes et principes établis ;
- De renforcer les capacités institutionnelles et stratégiques de l'AJR ;
- De jouer un rôle de catalyseur pour améliorer les performances des actions.

Mais, pour donner des résultats efficaces, ce type de dispositif doit remplir certaines conditions qui sont : des valeurs communes, une confiance mutuelle et la crédibilité du processus. Il n'existe pas de modèle standardisé d'évaluation, mais tous les processus d'examen mutuel intègrent les principes de performance et les acteurs désignés auxquels ils leur incombent de mener à bien l'examen, conduisant à l'élaboration des rapports et de recommandations de progrès, au service de l'amélioration des actions juridiques et extra juridiques opérées par l'AJR.

[39] Mohamed Harakat, Renforcement des capacités des institutions de contrôle à travers la méthode d'évaluation par les pairs (EPP), in Forum Panafricain - 29-30 octobre 2012 - CAFRAD – Rabat.

Figure n°13 : Dynamique et vertus de l'évaluation des actions des contentieux de l'Etat

Promouvoir l'évaluation ascendante effectuée par le personnel et le public

Les vertus de l'évaluation ascendante sont multiples : elles s'étendent à la mesure, à l'interprétation des résultats et à la prise de décision stratégique.

Figure n°14 : Objet et dynamique de l'évaluation des actions des contentieux de l'Etat

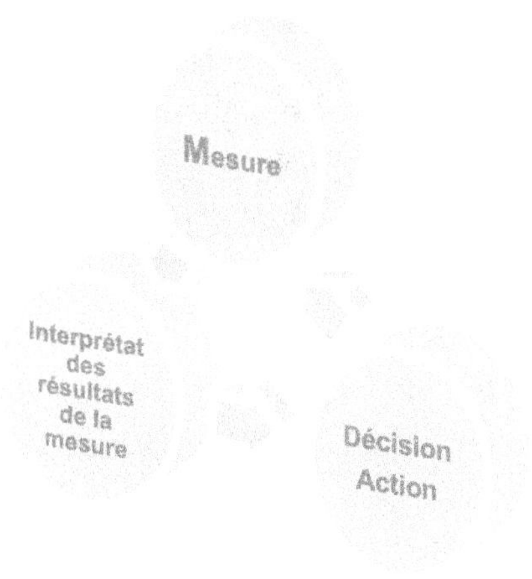

- Pertinence de l'évaluation ascendante opérée par le personnel et le public, des services et prestations dispensés par l'AJR ;
- Elle permet de développer également des sondages d'opinion, des idées sur la mise en place des projets de performance, de suivi et de bonne gouvernance des actions et des accomplissements.

ORIENTATION STRATEGIQUE N°4

CONCEPTION ET REPERAGE DES RISQUES OPERATIONNELS AFFERENTS AUX CONTENTIEUX DE L'ETAT

On appelle un risque tout danger éventuel, plus ou moins prévisible, inhérent aux multiples activités des contentieux de l'Etat (risques juridiques et extra juridiques, lenteur, protection informatique, altération de base de données, piratage, etc.).

Il s'agit d'une éventualité d'un évènement futur, incertain ou d'un terme indéterminé qui ne dépend pas exclusivement de la volonté des parties mais peut causer des pertes énormes pour l'organisation et son image de marque.

Toutes les activités confiées à l'AJR peuvent faire l'objet de risques graves ce qui nécessite l'adoption des mesures et techniques modernes de prévision et d'évaluation qui se manifestent notamment par :

- La mise en place des procédures de contrôle interne et des manuels de travail ;
- La formation du personnel et l'adhésion de tous les acteurs institutionnels dans la protection et la défense des intérêts de l'Etat et des différents justiciables (entreprise, citoyens).

Protection et sécurité du site de l'AJR, du personnel et de l'Etat du droit

Il y a risque quand l'image de marque, le patrimoine, le personnel sont situés dans la zone d'impact d'un danger.

Les dangers auxquels plus particulièrement l'AJR est conforté sont multiples et divers. Il est important que, pour chaque risque, des actions spécifiques soient mises en œuvre selon la démarche suivante en agissant le plus en amont (possible prévention) :

Actions et mesures à prendre

Bien que l'AJR a adopté l'externalisation du service d'avocats cela n'empêche pas la prise des mesures de contrôle en amont des services prestataires (offre des prestations, spécialisation, éthique, efficacité, performance, qualité).

• **Première Action** : Élaboration d'un guide de bonnes pratiques de suivi des actions accomplies ;

• **Deuxième Action** : Réalisation d'un programme de formation du personnel et de leur présence aux tribunaux.

Mise en place des méthodes et techniques modernes d'évaluation des risques

Une bonne gouvernance stratégique de l'AJR ne peut être garantie totalement par la conformité aux textes et la réglementation en vigueur.

Spécificités d'une nouvelle gouvernance stratégique des contentieux de l'Etat

La gouvernance stratégique et de l'évaluation des risques au sein de cet organisme devrait être opérée d'une manière globale, pragmatique et intégrée.

Si la gestion publique traditionnelle est à base d'obéissance tant à la loi qu'à la hiérarchie la nouvelle gestion est à base de responsabilité et d'initiative. « Manager », gérer, ne veut plus dire commander, donner des ordres, mais organiser, stimuler et obtenir des résultats sur la base des moyens disponibles.

Tableau n°15 : Comparaison entre l'ancien et le nouveau système de gestion

	Instance législative	Administration	Contrôle
1. Ancien système	Fixe les obligations et modalités	Exécute	Vérifie
2. Nouveau système axé sur la programmation, la contractualisation le résultat	Objectifs Résultat	Gère (choix des moyens et des modalités)	• Evalue (efficacité) • Mesure (des résultats) • Recommande (propositions d'amélioration)

Source : Alain-Gérard Cohen,Contrôle interne et audit publics, LGDJ, Adetef, Paris , 2008 & Mohamed Harakat, « Finances publique et réforme de l'Etat » L'Harmattan, Paris, 2020.

Notre vision d'appui au renforcement des capacités institutionnelles et stratégiques de l'AJR est tributaire de l'adoption d'une logique managériale fondée sur l'encouragement des initiatives d'innovation dans le processus de la création de la gestion axée sur le résultat et de l'amélioration de la gouvernance du contentieux tout en prenant en considération la spécificité de l'AJR.

La gestion de celle-ci distingue trois (3) fonctions de management :

- **La fonction d'orientation stratégique et de fixation des objectifs :** elle est conférée aux organes d'orientation (directeur, tutelle) ;
- **La fonction de gestion** assurée par le personnel, le gouvernement et les divers acteurs et partenaires institutionnels de l'AJR ;
- **La fonction de contrôle** (contrôle préalable, audit interne, ou contrôle externe).

Bilan des réalisations et des accomplissements

Une maîtrise de la gestion et du processus de l'évaluation des risques peut se référer à trois catégories de moyens :

De la bonne pratique des procédures et des manuels de travail

1) Il s'agit de s'assurer de la fiabilité des procédures et documents écrits de travail [40]: qui fait quoi et comment ?

- Organigramme (l'organisation des services) ;
- Séparation des tâches, incompatibilités ;
- Description de postes ;
- Répartition des tâches, responsabilités, et délégations ;
- Circuits des documents ;
- Objectifs des services (indicateurs de performance) ;
- Risques à contrôler ;
- Moyens (logistiques humains et matériels) à mettre en œuvre.

Ces procédures seront assorties de :

- Check –listes, documents types ;
- Rapports périodiques (reporting) ;
- Formulaires, guides, manuels de procédure, etc.

Dans chaque service ou division de l'AJR on doit trouver une série de documents écrits décrivant comment chaque service fonctionne ?

Le contenu de ces documents diffère totalement des instructions, circulaires, notes de service, dans l'administration traditionnelle.

Composantes pratiques du contrôle interne

- Les procédures et documents écrits de travail : qui fait quoi et comment ?
- Les systèmes ;
- Les systèmes de gestion et de contrôle des contentieux de l'Etat ;
- Les systèmes de suivi par opération ou activité ;
- Les banques de données ;
- Les indicateurs de performance.

[40] Cohen, Contrôle interne et audit publics, Ibidem

1) Les contrôles

Avant engagement (déclenchement du contentieux) ;

- Au cours du contentieux (délégation de droit pour représenter l'Etat devant la justice et les instances d'arbitrage ou niveau national ou international) ;
- Expost (après le déclenchement du contentieux) : il s'agit d'accorder à l'AJR l'évaluation de la pertinence, d'intenter des recours en appel ou en cassation ou de recourir à la procédure de conciliation.

2) **Les procédures et documents écrits de travail**

- Cette première catégorie de contrôle constitue une véritable culture de l'écrit (formalisation) ;
- Les procédures n'ont aucun caractère hiérarchique (moyens de maîtrise de gestion) ;
- Ces moyens de contrôle n'ont pas le caractère intangible (ils peuvent faire constamment l'objet d'ajustement, de changement et d'amélioration).

3) **Les principes de COSO1 et COSO2 et management des risques**

Le COSO 1 propose un cadre de référence pour la gestion du contrôle interne pour atteindre les objectifs suivants :

- L'efficacité et l'efficience des opérations ;
- La fiabilité des informations ;
- La conformité aux lois et aux réglementations en vigueur.

Le COSO 2 propose un cadre de référence pour la gestion des risques de l'entreprise (Enterprise Risk Management Framework).

La gestion des risques est un processus mis en œuvre par le conseil d'administration, les dirigeants et le personnel, exploité pour l'élaboration de la stratégie transversale propre à l'entreprise, et destiné à :

- Identifier les événements potentiels pouvant affecter l'organisation ;

-Maîtriser les risques afin qu'ils soient dans les limites du « Risk Appetite (appétence au risque) » ;

- Fournir une assurance raisonnable quant à la réalisation des objectifs de l'organisation.

Il apparaît que le COSO 2 inclut les éléments du COSO 1 au travers du troisième point et le complète sur le concept de gestion des risques (cf. tableau n°2, p. 28). Le COSO 2 est basé sur une vision orientée vers les risques des organisations.

ORIENTATION STRATEGIQUE N°5

METTRE LA LEGALITE ET LA PERFORMANCE DE LA GESTION DES CONTENTIEUX DE L'ETAT AU CŒUR DE LA GOUVERNANCE STRATEGIQUE

La gouvernance du contentieux est soumise aux exigences de la légalité et de la performance. Cette dernière se trouve imposée par la loi organique relative aux lois de finances comme moteur de l'évolution de la justice contemporaine[41].

L'AJR bénéficie de prérogatives particulières dans le processus de la défense des intérêts de l'Etat des citoyens et des particuliers en tant que bras judiciaire de l'Etat, devrait disposer de tous les moyens humains et matériels nécessaires qui lui permettent de conduire des procédures souvent longues et disposer d'un réseau d'avocats spécialisés, des sources d'informations privilégiées, du soutien des administrations publiques et de jouir enfin de la confiance de l'Etat, de l'entreprise, du citoyen et des divers justiciables.

En outre, en défense l'Agent recherche à limiter les coûts que devra prendre en charge le budget de l'Etat. En demande, il veille à réclamer, avec diligence, la réparation de l'intégralité du préjudice subi par l'Etat. En contrepartie et considérant la sensibilité de ses grandioses missions, il devrait être soumis à des normes d'éthiques strictes dans son action et son comportement ; d'où la nécessité de l'élaboration d'une charte d'éthique traçant les lignes directrices de l'AJR.

Cette orientation stratégique est fondamentale dans la protection des principes de la légalité et la performance. C'est pour cette raison **ce** projet de réinvention et d'action que nous proposons de mettre en œuvre préconise de :

- Veiller à la défense et à la protection des intérêts de l'Etat, des citoyens et des particuliers selon les principes de la légalité ;

---

[41] L. Cluzel-Métayer & A. Sauviat, Les notions de qualité et de performance de la justice administrative, in RFAP, N°159, 2016, pp.674-686.

- Garantir les principes de la performance dans la défense des intérêts de l'Etat ;

- Respecter les valeurs d'éthique dans l'accomplissement de toutes les actions opérées par l'AJR.

Veiller à la défense et à la protection des intérêts de l'Etat et des particuliers selon les principes de la légalité

Le principe de la légalité *« exprime la soumission de l'Administration au droit. Dans un Etat de droit, la puissance publique est soumise à des règles qui précèdent son action. Le principe de légalité permet de protéger les citoyens contre l'arbitraire de l'Administration puisqu' il définit les limites de son action ».*

Une telle légalité devrait s'étendre à toutes les compétences et les attributions conférées à l'AJR qui feront l'objet de contrôle interne, d'avis et de consultation de sa part : il s'agit des cas suivants :

- Affaires du contentieux administratif (pleine juridiction) ;
- Affaires du contentieux d'annulation ;
- Affaires du contentieux judiciaire ;
- Affaires des études et procédures amiables ;
- Affaires répressives ;
- Affaires commerciales et du contentieux d'arbitrage.

La performance dans la défense des intérêts de l'Etat

La performance peut être évaluée en termes de **coût et avantage.**

1. **Critères et indicateurs de résultat et de performance des juridictions et le rôle de l'AJR dans leurs concrétisations**

- Comment mesurer la performance d'une juridiction ou d'une procédure ?

- Comment mettre des critères de performance au sein de l'ordre judiciaire et de l'Administration ? en termes de qualité de la justice, de critères et d'indicateurs, de modalités de gestion et d'évaluation, de délai tant au sein des juridictions que de l'AJR (critères professionnels d'appréciation quantitative et qualitative).

2. **Comment mesurer la performance d'une procédure, d'une décision et d'une juridiction ?**

En face de la pauvreté des critères qualitatifs (absence de référence à la qualité) pour les usages individuels et la domination de la logique quantitative et managériale qui prime dans l'évaluation des indicateurs de la performance, il s'avère nécessaire d'entamer la réflexion sur un référentiel par type de compétence (direction, division, service, tribunaux, Administration).

Pour répondre à cette question problématique cela suppose de :

- S'interroger au préalable sur ce pourquoi l'organisme judiciaire concerné a été mis en place ?
- Définir les résultats attendus des indicateurs de performance ;
- Evaluer la capacité de production d'une « Jurisprudence cohérente, uniforme et de haute qualité garantissant l'application des normes minimales communes ».
- Définir la stratégie adoptée. C'est une étape préalable à l'identification des programmes et à la formulation des priorités et des objectifs à atteindre. Car elle fournit les principales orientations, les programmes et les objectifs nécessaires à concrétiser au cours d'une période déterminée. En fait, la stratégie doit être cohérente avec les orientations gouvernementales en matière de politique générale, comme sur les aspects sectoriels ; et compatible avec les ressources financières mobilisables, afin d'aboutir à une prévision stratégique réaliste et réalisable. Cette stratégie doit être aussi synthétique que possible, claire et susceptible d'être comprise facilement par les acteurs concernés et par le public.

3. **Objectifs de performance**

Ils sont mesurés par des indicateurs :

• **Indicateurs d'efficacité socio-économique :** Ils correspondent au rapport entre les effets obtenus et les objectifs escomptés. Ces indicateurs renseignent sur les changements de la réalité économique, sociale, dans laquelle vit le citoyen (emploi, investissement, attentes) et les effets et les impacts des affaires commerciales sur son bien social ;

• **Indicateurs d'efficience :** La combinaison des indicateurs de moyens et de produits permet d'apprécier l'efficience dans la conduite des activités. L'indicateur d'efficience peut être exprimé comme étant le rapport entre les résultats (produits ou effets) et les moyens mobilisés ;

• **Indicateurs de qualité de service :** S'intéressant à la qualité des produits, ils peuvent concerner l'usager externe (usager d'un service public) ou l'usager interne (membres d'une juridiction, d'une administration y compris l'AJR). En effet, ces indicateurs peuvent porter sur la satisfaction des usagers, sur les délais, l'équité, et la qualité, etc.

4. Qualité de la justice et délai de jugement raisonnable

La qualité de la justice se mesure à l'aune de trois (03) catégories de critères et d'indicateurs :

- Substantiels ;
- Procéduraux ;
- Et d'efficacité.

Etapes substantielles et procédurales

Elles se mesurent par :

- Les conditions d'accessibilité aux tribunaux ;
- La qualité substantielle des décisions (mode de rédaction des décisions, lisibilité et clarté, style) ;
- La stabilité et la prévisibilité de la jurisprudence (taux d'annulation en appel et en cassation, connaissance par les justiciables et les citoyens de la jurisprudence, conditions de diffusion et de publication, commentaires par les universités et les chercheurs) ;
- Les principes procéduraux (conditions prévisibles et acceptées par tous, impartialité).

L'étape managériale

Elle comporte par les éléments caractéristiques suivants :
- Critères de coût - délais ;
- Efficacité de la justice et sa capacité à répondre aux attentes des justiciables (protection des droits et intérêts) ;
- Conditions dans lesquelles la justice est rendue (indicateurs globaux, quantitatives et qualitatives, en temps utile, procédures juridictionnelles correspondant à celui des parties et de la société.

Selon la Cour européenne des droits de l'homme, le traitement rapide des affaires et la réduction des délais de jugement sont devenus des objectifs prioritaires. Elle a fait du délai raisonnable de jugement une obligation centrale pour les juridictions.

Selon le conseil d'Etat en France (2002), il est question d'évaluer une série d'indicateurs résidant dans le délai prévisible, les moyens de jugement, le nombre de dossiers présents dans les stocks depuis plus de deux (02) ans. Le rapport de 2011 de ce conseil précise que 90 % des réclamations des justiciables concernent les délais de jugement, l'exécution des jugements (application concrète et effective) et l'acceptabilité sociale, c'est-à-dire, l'intelligibilité des décisions.

Tableau n° 16 : Management stratégique des juridictions (bonnes pratiques de gouvernance)

Management stratégique	Indicateurs
• Vision & gouvernance stratégique, • Organisation • Compétence • Organigramme • Sociogramme • Innovation • Animation de l'organisation • Formalisation des tâches, • Communication & information	• Nombre d'assemblée des magistrats par an, • Nature de l'ordre du jour, compte rendu de réunion, réunion du chef de juridiction avec les présidents de chambre ; • Amélioration de la gestion des magistrats (entretien professionnel, visite, nombre d'affaires réglées par eux) ; • Amélioration de la gestion du greffe ; • Formation des agents ; • Description des postes ; • Organisation du travail ; • Organisation et fonctionnement des juridictions ;

• Evaluation • Créativité • Intelligence collective.	• Circulation de l'information entre les différents métiers de la juridiction ; • Cohérence de l'organisation interne rationalisation administrative du travail ; • Régularité des procédures ; • Délégation de signature ;

Source : Séminaires du cycle de formation animés par l'auteur aux magistrats membres de la Cour Supérieure des Comptes et du Contentieux Administratif (CSCCA) dans le cadre d'une Consultation internationale du PNUD d'appui à cette juridiction - Port- au- Prince – Haïti, 24 -29 Juillet 2017, et RFAP, la qualité de la justice
n° 159,2016.

Tableau n° 17 : Critères de performance

Mesure de performance	Critère de performance
Mesure quantitative (obsession de faire du chiffre)	• Durée des procédures ; • Clearance (ratio entre nombre d'affaires résolues et le chiffre des affaires entrantes) ; • Affaires pendantes ; • Affaires traitées par juge ; • Taux de réduction de l'arriéré des affaires pendantes (backlog).
Qualité de la justice (glissement progressif d'une conception substantielle vers une conception procédurale ou managériale)	• Qualité de fonctionnement : . Indépendance ; . Qualité du service rendu (décision rendue, qualité des motivations et de l'argumentation, cohérence des jugements et de la jurisprudence). • Qualité du processus judiciaire (respect des garanties procédurales) ; • Qualité des décisions rendues (décisions claires et motivées) • Jurisprudence ; • Enquête de satisfaction ; • Accès à la justice (information sur le déroulement de la procédure) ; • Prévisibilité, date et lieu de la tenue de l'audience ; • Accès au greffe (téléphone, courrier, déplacement sur place, notification, boîte électronique) ; • Possibilités de requête électronique ; • Formation des juges ;

	• Le recours aux TIC (budget, ressources humaines, médiation) ; • Perception générale de la justice chez la population (éthique) ; • Accès à l'information ; • Accueil des justiciables (greffe) ; • Préparation et tenue des audiences ; • Equipement des salles d'audience ; • Coordination entre les différents tribunaux et services (recours, révision, appel, cassation) ; • Accès électronique aux arrêts le jour du prononcé ; • Information continue des requérants ; • Mobilité des greffiers ; • Mobilité des présidents de tribunaux ; • Archive.

Source : Séminaires et cycles de formation dispensés par l'auteur aux magistrats membres de la CSCCA op.cit. et, « les mutations de l'Administration de la justice », RFAP, n° 184, 2022.

Tableau n° 18 : Modalités de gestion du corps et d'évaluation (Arrêté du 12 mai 2009 relatif à l'entretien professionnel des membres du corps des tribunaux administratifs et des cours administratives d'appel en France)

Aptitudes	Critères
1. Aptitudes à l'exercice des fonctions juridictionnelles	• Étendue des connaissances ; • Précision des connaissances ; • Sens de l'application du droit ; • Qualité de l'expression écrite et orale ; • Sens de la collégialité et de la participation au débat et au délibéré ; • Capacité à décider.
2. Aptitudes professionnelles générales	• Compréhension du contexte de l'activité contentieuse ; • Aptitude au changement ; • Respect de l'organisation collective du travail ; autonomie et sens de l'organisation.
3. Manière de servir	•Efficacité et puissance de travail ; •Sens du service public ; • Implication dans le fonctionnement général et la vie de la juridiction ; • Qualités relationnelles au sein et à l'extérieur de la juridiction.
4. Aptitude à l'exercice des fonctions d'encadrement	•Capacité d'écoute et d'animation ; • Sens de l'organisation et de la gestion ; • Capacité d'anticipation et de proposition ; • Exercice de l'autorité ; •Relations publiques.

Source : Séminaires et cycles de formation animés par l'auteur aux magistrats membres de la CSCCA, op.cit., et « les mutations de l'Administration » op.cit.

Tableau n° 19 : Critères d'appréciation de la valeur professionnelle des magistrats présidents de tribunaux

Aptitudes	Critères
1. Aptitudes à l'exercice des fonctions juridictionnelles d'encadrement	• Capacité à décider ; • Qualité de la révision ; • Encadrement du greffe ; • Sens de l'évaluation des magistrats.

2. Aptitudes à l'exercice des fonctions	• Capacités d'écoute et d'animation ; • Sens de l'organisation et de la gestion ; • Capacités d'anticipation et de proposition ; • Exercice de l'autorité ; • Relations publiques.
3.Aptitudes professionnelles générales	• Aptitude au changement ; • Respect de l'organisation collective du travail.
4. Manière de servir	• Efficacité et puissance de travail ; • Sens du service public ; • Implication dans le fonctionnement général et la vie de la juridiction ; • Qualités relationnelles au sein et à l'extérieur de la juridiction.

Source : L. Berthier, qualité et évaluation des magistrats de l'ordre judiciaire, RFAP, N° 159, 2016, pp. 739-750, et, « les mutations de l'Administration de la justice », op.cit.

Critères spécifiques d'appréciation de la valeur professionnelle des chefs de juridiction

1. Aptitudes à la constitution et à l'animation d'une équipe ;
2. Capacités d'écoute et de dialogue ;
3. Sens de l'organisation et de la gestion ;
4. Attention portée à la cohésion magistrats/greffe ;
5. Exercice de l'autorité ;
6. Qualités d'évaluateur ;
7. Attention portée aux questions de formation ;
8. Attention portée aux décisions rendues par la juridiction ;
9. Capacités d'anticipation et de proposition ;
10. Relations publiques ;
11. Etudes et publications.

Tableau n° 20 : Management stratégique des juridictions

Management	Objet
Gestion financière, comptable, patrimoniale et logistique	• Qualité de la gestion administrative et financière ; • Régularité des opérations comptables ; • Passation des marchés et achat ; • Indemnités de déplacement ;

	• Prime ; • Gestion informatique ; • Parc véhicule ; • Parc informatique ; • Bâtiments et locaux ; • Documentation, sélection des ouvrages, abonnements revus • Diffusion de la jurisprudence ; • Site ; • Archive.

Source : Séminaires et cycles de formation animés par l'auteur aux magistrats membres de la CSCCA, op.cit., et « les mutations de l'Administration de la justice », op.cit.

Quelques pistes de progrès

La réussite de l'évaluation de l'égalité et de la performance dans le processus de la représentation de l'AJR dans la défense des intérêts de l'Etat et des justiciables est tributaire de la consolidation des capacités institutionnelles et stratégiques de l'AJR et des différents acteurs institutionnels du contentieux ; d'où les éléments caractéristiques suivants :

1. Assurer un repositionnement plus élevé de l'AJR parmi les grands corps de l'Etat

- Nécessité de l'amendement du texte de 1953 relatif à la création de l'AJR qui se trouve inadapté aux multiples mutations qu'a connues l'écosystème judiciaire et juridique du pays et aux nouvelles approches et méthodes modernes de management stratégique des organisations ;

- Développement des pratiques de conciliation et de médiation au sein l'AJR et à son environnement administratif et judiciaire *;*

- Rendre les actions plus stimulantes, communiquer avec le personnel et les différents acteurs institutionnels ;

- Promouvoir la présence de l'AJR à l'échelon international par le biais du renforcement de la coopération, notamment avec les organismes similaires dans le cadre de la promotion d'une doctrine dans les affaires commerciales et l'arbitrage international (au service de l'entreprise, la défense des intérêts de l'Etat et de la diplomatie judiciaire) ;

- Instaurer une culture appropriée d'évaluation et de sondages d'opinion par l'introduction des évaluations opérées par le personnel et les structures internes de l'AJR ;
- Sensibiliser l'administration et les acteurs institutionnels et les justiciables des nouvelles missions et attributions de l'AJR en matière de la défense des intérêts de l'Etat, des particuliers et des différents justiciables ;
- Assurer l'information, l'orientation, le conseil et le suivi ;
- L'appui à l'apprentissage de la doctrine administrative, civile, financière et commerciale ;
- La modernisation de la gouvernance (contrôle interne, culture de l'écrit, évaluation) ;
- Développement des sondages d'opinion sur la perception des justiciables sur l'administration, l'AJR et l'ordre judiciaire dans sa globalité.

2. Mettre en place un statut particulier des membres

- Garantir l'immunité des cadres de l'AJR à l'instar des avocats et des magistrats. Une telle immunité permet de protéger le corps de toute influence extérieure ;
- Valoriser les ressources humaines et financières mises à la disposition de l'AJR ;
- Investir les acquis et les réalisations de l'AJR dans le processus de la sensibilisation et de la négociation au sujet de la réforme institutionnelle de l'institution et de l'élaboration d'un nouveau statut des cadres ;
- Implication des acteurs institutionnels dans les projets de réinvention du système des contentieux de l'Etat.

3. Appui au développement de la doctrine administrative, civile, financière et commerciale

Il se manifeste par les actions spécifiques suivantes :

- Créer une bibliothèque numérique bien fournie favorisant l'accès à la jurisprudence, au droit comparé et aux nouvelles ressources documentaires disponibles ;

- Concevoir de nouvelles stratégies de mobilité et de coopération internationale en faveur de l'AJR et ses cadres ;

- Adhérer et impliquer le personnel dans la participation aux colloques et rencontres professionnels organisés en partenariat avec l'ordre judiciaire, le ministère des finances ou l'université.

Le but de notre étude est de :

- Promouvoir le débat chez les acteurs institutionnels de l'AJR sur la pertinence de la réforme de cette prestigieuse institution ;
- Permettre, via Internet, l'accès aux fonds documentaires ;
- Développer l'abonnement dans des revues spécifiques (contentieux, droit comparé, arbitrage commercial international, ingénierie juridique, responsabilité de l'Etat) ;
- Concevoir une revue de liaison trilingue ;
- Enrichir le site de l'AJR.

4. Pour une régionalisation des activités de l'AJR

Pour pouvoir être présent à l'échelon local, l'AJR est appelée à réinventer ses structures pour une « régionalisation avancée » de ses activités à l'instar du modèle égyptien disposant de 53 sections couvrant tout le territoire national.

Une telle régionalisation peut être opérée en coordination avec l'AJCT.

Lignes directrices pour une charte d'éthique de l'AJR

Les éléments de la charte d'éthique résident dans ce qui suit :

1- Représenter dignement l'Etat : ce principe doit incarner un Etat compétent, objectif, équitable, au service de l'intérêt général (évaluer équitablement sans délai les torts éventuels de l'Etat) veille alors à une réparation prompte et juste des organismes ou des citoyens lésés et n'utilise qu'avec mesure les voies de recours.

2- Défendre les finances de l'Etat : en défense, l'AJR recherche à limiter les coûts que devra prendre en charge le budget de l'Etat. En demande, il veille à réclamer, avec diligence, la réparation de l'intégralité du préjudice subi, que celui-ci l'ait été directement par l'Etat ou, indirectement, par l'un quelconque de ses agents.

3- Garantir la clarté et la cohérence de la position de l'Etat devant le juge : en sa qualité de représentant unique de l'Etat devant les juridictions judiciaires l'AJR devrait défendre une position cohérente tout en évaluant les éventuelles divergences entre les administrations.

4- Assurer l'objectivité et la sérénité des débats judiciaires.

5- Respecter discrétion et neutralité.

ORIENTATION STRATEGIQUE N° 6

CONSOLIDER ET GENERALISER L'USAGE DES TIC AU SEIN DES STRUCTURES DES CONTENTIEUX DE L'ETAT

La gouvernance électronique (E. Governance) peut être définie comme l'application des moyens électroniques (TIC) d'une manière interactive entre l'AJR et l'écosystème judiciaire (G2J) l'écosystème judiciaire, l'Administration (J2G), l'écosystème judiciaire et les citoyens (J2C) et l'Administration et l'entreprise (G2B) dans le but de simplifier et d'améliorer davantage tous les aspects de la bonne gestion du contentieux et de la transparence dans la défense des intérêts de l'Etat et des particuliers.

Notre projet considère que la gouvernance stratégique des contentieux de l'Etat devrait élargir et généraliser davantage l'usage des TIC à tous les aspects de la gestion administrative financière et humaine tout en assurant la protection du parc informatique par la mise en place du contrôle interne et de l'audit.

Les vertus d'un système intégré de gestion informatisée des contentieux de l'Etat (SIGLE)

Ce logiciel peut offrir de nouvelles fonctionnalités englobant l'ensemble des activités de l'AJR :

- Gestion des procédures juridiques ;
- Procédures amiables ;
- Études juridiques ;
- Contentieux (à l'échelon national et international) ;
- Risques juridiques ;
- Contrôle des délais ;
- Gestion des jugements ;
- Gestion des honoraires des avocats ;
- Élaboration des rapports statistiques ;
- Élaboration des données et de l'information pour la prise de décision ;

- Établissement des rapports et indicateurs de performance ;
- Un moyen de contrôle de gestion et de transparence ;
- Plateforme d'exploitation des données.

L'internet permet également de faciliter les contacts interactifs entre les services, l'administration, la justice, l'entreprise et les usagers par l'octroi d'un ensemble de services et d'échange d'information concernant notamment :

- les délais de jugement ;
- l'exécution des jugements ;
- les réunions virtuelles.

Il s'agit d'élargir l'expérience vécue par l'AJR pour couvrir les différentes activités, compétences et missions :

- Protection du parc informatique (pirate, fraude, perte de données) ;
- Nécessité d'élargir le SIGLE à la formation du personnel ;
- Mettre en place un système de contrôle interne et de l'audit interne du parc informatique ;
- Entretien du parc informatique.

Élaborer une vision prospective et stratégique à l'ère numérique

- E. Recherche et Jurisprudence ;
- E. Formation ;
- E. Gouvernance stratégique.

Mettre en place un système d'audit et de contrôle interne informatique

Le développement des nouvelles TIC pose des problèmes juridiques relatifs à la sécurité et au contrôle interne du parc informatique ainsi que la dématérialisation des échanges (sans papier ce qui contribuera à la conservation de la forêt).

Les TIC sont primordiales pour le développement de la gouvernance stratégique de l'AJR. Elles doivent être généralisées à toutes les prestations fournies par cette instance (avant, au cours et après le déclenchement du contentieux).

Pour arriver à ce stade, plusieurs actions d'envergure devraient être menées afin de compléter la mise en place des infrastructures et de l'Environnement Numérique de Travail (ENT), et la construction progressive d'un système global d'information des contentieux permettant l'accompagnement des usagers (personnel, administration entreprise, citoyens), en parfaite cohérence avec les autres objectifs stratégiques de ce projet de développement.

Le contrôle interne du parc informatique est tributaire de la mise en place d'une structure d'audit et d'évaluation continue du projet des TIC de ses faiblesses et de son apport à l'amélioration du rendement de l'AJR et de ses capacités d'adaptation, notamment en termes d'efficacité, de coût, de transparence, de gestion des risques et de contrôle interne.

La cour des comptes a remarqué, à juste titre, que la plus grande partie des établissements universitaires est connectée au réseau Marwan (96 % de la couverture nationale). Or, les équipements et les infrastructures mises en place par l'opérateur Maroc Télécom dans le cadre de la mise en place de ce réseau, échappent au contrôle complet de la structure de gestion, ce qui limite son action en matière d'offre de services aux utilisateurs, en l'absence de développement de son contenu, de se réduire en une simple liaison internet[42].

La cour recommande, dans cette perspective, de négocier la convention avec Maroc Télécom pour avoir un droit d'accès et de contrôle des équipements et de l'infrastructure du réseau et d'établir des statistiques et des indicateurs permettant d'évaluer l'apport du réseau au développement des services scientifiques et techniques. Cette remarque est valable pour le SIGLE).

C'est un problème fondamental, car il s'agit d'évaluer ces risques spécifiques et leur impact sur la réussite de la généralisation informatique ; d'où l'importance de développer la fonction d'audit interne des programmes informatiques au sein de l'AJR et ses réseaux dans la perspective d'une régionalisation effective.

---

[42] Rapport annuel de la cour des comptes, 2008, p.405.

Enrichir le site de l'AJR

- Stratégie, organisation et programme d'action ;
- Réalisations ;
- Jurisprudence ;
- Performance ;
- Rapports d'activité.

ORIENTATION STRATEGIQUE N° 7

CONCEPTION D'UNE NOUVELLE STRATEGIE DE DEVELOPPEMENT DE LA COOPERATION INTERNATIONALE ET DE LA GOUVERNANCE DU CONTENTIEUX ET DE L'ARBITRAGE COMMERCIAL INTERNATIONAL

Le commerce crée la richesse et stimule la croissance à travers les investissements dans les hommes, l'infrastructure et les services publics permet d'améliorer par conséquent le niveau de vie de la population.

A l'heure de la création récemment (2021) d'une division des affaires commerciales et du contentieux d'arbitrage au sein de l'AJR une série de questions peuvent être posées dans le processus du renforcement des capacités dans la défense des intérêts de l'Etat par le biais de résolution des contentieux avec des investisseurs étrangers notamment en matière des marchés publics et de partenariat public –privé.

A cet égard, le Maroc devrait bénéficier des bonnes pratiques d'arbitrage commercial.

Plus particulièrement la passation de marchés implique parfois des décisions discrétionnaires prises au nom de l'État. Le montant de la commande publique peut représenter de 10 à 20 % du PIB et atteindre 50 %, voire plus, des dépenses publiques totales. D'où un risque d'abus, la taille du marché montrant que les pertes potentielles pourraient être considérables. De même pour les grands projets de service ou de travaux (santé, éducation, infrastructure), qui auront des incidences majeures sur les résultats et le développement économique.

La Commission des Nations Unies pour le droit Commercial international (CNUDCI)[43] fondée à Vienne en 1966 est l'organe juridique principal du système des Nations Unies dans le domaine du droit

---

[43] Elle a été créée par l'Assemblée générale en 1966 (résolution 2205 (XXI) du 17 décembre 1966). Celle-ci a estimé que les disparités entre les diverses lois nationales régissant le commerce international constituaient des obstacles au déroulement des échanges ; et elle a considéré la Commission comme le moyen par lequel l'Organisation des Nations Unies pourrait contribuer plus activement à réduire ou aplanir ces obstacles.

commercial. *« Elle a pour mandat de supprimer les obstacles juridiques au commerce international à travers la modernisation et l'harmonisation progressive des règles du commerce. Elle prépare des textes législatifs dans plusieurs domaines du droit commercial international, comme le règlement des différends, les pratiques du contrat international, le transport, l'insolvabilité, le commerce électronique, les paiements internationaux, les transactions sécurisées, la passation de marché et la vente de marchandises, ainsi que le développement des infrastructures »*.

A cet effet, la CNUDCI élabore des règles équitables et harmonisées sur les opérations commerciales. Ses travaux prennent multiples formes de :

- Conventions ;
- Lois types et de règles acceptables dans le monde entier ;
- Guides et recommandations juridiques et législatifs revêtant une grande utilité pratique ;
- Informations actualisées sur la jurisprudence et l'adoption de législations commerciales uniformes ;
- Assistance technique dans le cadre de projets de réforme du droit ; de séminaires régionaux et nationaux sur le droit commercial uniforme.

Dans une période de multi- crises, **L'AJR** en sa qualité de défenseur des intérêts de l'Etat peut jouer un rôle pionnier notamment dans le développement d'une nouvelle approche de coopération internationale et de diplomatie commerciale parallèle.

La diplomatie économique et commerciale peut être définie, à notre sens, comme un « processus de relations dynamiques Etats –Etats, Etats - entreprises, entreprises- entreprises et entreprise - AJR ».[44]

L'AJR est au cœur de cette dynamique où peuvent se négocier quatre problèmes de l'économie politique de la diplomatique judiciaire et extrajudiciaire : la vision stratégique partagée, l'organisation, les valeurs de compétence et de mérite et l'évaluation continue des risques.

---

[44] M. Harakat, La nouvelle diplomatie économique en Afrique : Paradigmes et modèles, L'Harmattan, Paris, 2020.

Contenu et éléments de la diplomatie judiciaire et commerciale parallèle au service de l'investissement

La promotion de la diplomatie judiciaire, extrajudiciaire et commerciale consiste à :

- assurer un positionnement fort de l'AJR et une présence du Maroc à l'échelon mondial et continental ;
- attirer les investissements vers le pays et développer des exportations pour réduire le déficit commercial et budgétaire ;
- promouvoir l'entreprise marocaine (PME) ;
- la consolidation de la croissance, c'est-à-dire, la création des richesses, l'emploi, la stabilité sociale et la sécurité globale.

Notre stratégie de coopération internationale proposée sera focalisée sur l'exécution de cinq (05) orientations fondamentales :

- Orientations royales, contenues dans de multiples discours consistant à promouvoir la diplomatie parallèle du pays[45] ;
- La concrétisation des projets de coopération internationale bien conçus et fiables ;
- La présence massive de l'AJR au sein des congrès et manifestations et rencontres organisées par les organisations internationales ou continentales sur les différends et litiges commerciaux ;
- L'intérêt accordé dans notre projet au développement d'une doctrine concernant l'arbitrage international et les litiges commerciaux ;
- La maîtrise des langues étrangères (notamment l'anglais) par les délégués et les participants au processus d'arbitrage commercial international.

Les mesures d'action et d'accompagnement

L'offensive de charme du Maroc sur le continent africain est révélatrice. Dans ce cadre, l'AJR peut jouer en collaboration avec les divers

[45] Discours du 28 avril 2000, à l'occasion de la journée nationale de la diplomatie, discours du 10 janvier 2001 à l'occasion de l'ouverture du colloque sur le tourisme à Marrakech, discours du 20 août 2002 à l'occasion du 49e anniversaire de la révolution du Roi et du Peuple, et discours du 30 juillet 2004 à l'occasion de la fête du trône.

acteurs institutionnels (Justice, MEF, collectivités territoriales) un rôle pionnier en matière de développement d'une diplomatie judiciaire et commerciale parallèle à l'échelon mondial et continental dans le processus de défense des intérêts de l'Etat et de l'entreprise par le biais des mesures spécifiques suivantes :

- bâtir une réflexion stratégique et une doctrine de diplomatie judiciaire et extrajudiciaire ;
- concevoir des services judiciaires de qualité dédiés aux entrepreneurs étrangers ;
- doter les acteurs institutionnels de toute l'information nécessaire sur les états des litiges, les délais d'exécution des jugements, etc.) ;
- l'intégration des relations extérieures et de l'AJR dans le cadre de la politique étrangère du pays ;
- l'établissement de nouveaux partenariats avec des instances étrangères similaires dans les domaines des contentieux et des litiges commerciaux ;
- la consolidation de l'intégration régionale dans le cadre de la coopération sud- sud ;
- le renforcement de la mobilité du personnel dans le cadre d'organismes similaires.

La consolidation des compétences et des pratiques linguistiques en matière d'arbitrage commercial et de médiation internationale

La maîtrise de la langue de négociation et d'arbitrage commercial à l'échelon mondial et continental est fondamentale. La tradition de travailler au moins en deux idiomes en parallèle (et non pas en traduction), connue dans certaines organisations mondiales, a été complètement perdue au profit d'une langue unique, l'anglais[46].

Dans le domaine diplomatique ou judicaire l'apprentissage de l'anglais est nécessaire.

---

[46] Catherine Kessedjian & Thida Norodom, Qui fabrique le droit international ? Le Monde Diplomatique, mai 2023, p.22.

A titre de comparaison, dans certaines enceintes, la Suisse parle anglais alors que le français est une langue officielle de travail de la CNUDCI. De longue date, la Belgique a abandonné le français dans les enceintes onusiennes. Aujourd'hui, seuls quelques pays africains résistent au « tout anglophonie »[47].

Cet aspect de la négociation ne doit pas être négligé. Car il a des conséquences majeures sur la substance et la structure des textes adoptés. Tout d'abord, à ne s'exprimer que dans une langue, la pensée s'appauvrit[48].

Or, la maîtrise de plusieurs langues, quand elle est bien conçue, c'est-à-dire, utilisée comme outil de compréhension de l'autre, enrichit la pensée, permet d'imaginer des normes qui s'inspirent des meilleures pratiques des systèmes juridiques dans le monde, et incite chaque culture à renouer avec elle-même ou à retrouver un pan de ses principes et visions sans se voir imposer une culture dominante unique[49].

Une véritable stratégie de participation des membres de l'AJR aux groupes de travail des organisations internationales ou spécialisées notamment dans le domaine des affaires commerciales et des contentieux d'arbitrage exige :

1. L'organisation d'une série de cycles de formation aux membres de l'AJR dans les domaines suivants :

- Règlement des différends entre investisseurs et Etat ;
- Arbitrage commercial international ;
- Médiation commerciale internationale ;
- Vente commerciale des marchandises ;
- Passation des marchés et partenariat public-privé ;
- Insolvabilité de l'Etat ;
- Transports de marchandises ;
- Recueil de jurisprudence.

2. Développer une stratégie de communication avec l'entrepreneur étranger ayant des litiges avec l'administration (information, conciliation, médiation).

---

[47] Ibidem.
[48] Ibidem.
[49] Ibidem.

3. Mettre en place un tutorat linguistique (en anglais) adapté au profit des membres de l'AJR.

4. Publication d'un glossaire des termes d'arbitrage commercial, de médiation et de conciliation à la disposition des membres de l'AJR et des particuliers.

CONCLUSION GENERALE

L'AJR possède des atouts considérables pour réussir l'esprit de la gouvernance des services et prestations fournis relatifs aux contentieux de l'Etat.

Elle est appelée aujourd'hui à gérer un processus de changement qui lui permettra de renforcer ses capacités institutionnelles et stratégiques à la lumière de la nouvelle organisation judiciaire en vue d'occuper une place de distinction à l'échelon national, régional et international.

Le projet d'appui que nous présentons dans cette modeste contribution, propose une approche globale et intégrée de la gouvernance stratégique du contentieux au service de la consolidation de la justice et de l'Etat du droit au Maroc.

L'étude est élaborée sur la base du diagnostic professionnel de l'état des lieux, des réalisations et de larges consultations avec des acteurs institutionnels. Mais elle ne prétend pas couvrir tous les domaines ni toutes les questions sensibles relatives aux questions de la gouvernance des contentieux de l'Etat. Elle permettra, néanmoins d'éclaircir et d'offrir une voie d'accès plus aisée aux questions parfois difficiles et complexes liées à la pratique et aux impératifs de développement des capacités de l'AJR à l'ère du changement.

Dans cette optique, le projet est focalisé sur sept (7) orientations stratégiques :

1. La consolidation des capacités stratégiques, institutionnelles et humaines de l'AJR à travers l'élaboration d'une stratégie claire dans le processus de la conduite du changement ;

2. Mettre en place un statut particulier et un plan de formation et de motivation des corps administratif et technique de l'AJR ;

3. Instauration des structures de communication, de médiation, d'audit stratégique et de performance ;

4. Conception et repérage des risques opérationnels des contentieux de l'Etat ;

5. Mettre la légalité et la performance des contentieux de l'Etat au cœur de la gouvernance stratégique de l'AJR ;

6. Consolider et généraliser l'usage et la sécurité des TIC dans toutes les activités des contentieux de l'Etat ;

7. La conception d'une nouvelle stratégie de coopération internationale de gouvernance du contentieux et de l'arbitrage commercial.

Notre étude insiste plus particulièrement sur la nécessité d'adopter une nouvelle pédagogie de changement organisationnel et de mobilisation des acteurs dans le processus de l'amélioration de la performance des actions préconisées par le biais de la diffusion des valeurs de la justice et de la défense des droits et des intérêts protégés par la loi dans le but de garantir la sécurité juridique et judiciaire du pays.

En l'occurrence, ce travail considère que la réforme de l'AJR devrait concilier entre trois logiques intimement liées : la logique cognitive dans la conduite du changement, la logique pédagogique (encadrement des activités et des actions) et la logique de gestion de la performance et de la transparence des contentieux de l'Etat.

En définitive, faut- il remarquer qu'il n'est pas question dans ce projet de remettre en cause ce qui est acquis : les réalisations de l'AJR depuis sa création en 1953.

Il est question de réfléchir sur les conditions pratiques favorisant davantage sa forte institutionnalisation à un niveau hiérarchique plus élevé parmi les grands corps de l'Etat pour pouvoir s'acquitter de ses multiples et prestigieuses missions en tant qu'agent judicaire du Royaume ce qui lui permet certainement de garantir son rayonnement tant à l'échelon mondial, continental ou national.

Au demeurant, la réalisation de ce projet ambitieux d'appui à l'AJR est tributaire de l'accomplissement de certaines conditions telles que l'adhésion et l'engagement de tous les acteurs impliqués dans ce processus de restructuration et de réinvention de grande envergure.

Bref, la revalorisation des prestations fournies par l'AJR nécessite une approche globale et pragmatique de ses handicaps et insuffisances, problèmes qui sont liés plus particulièrement à une problématique complexe afférente aux motivations matérielles et psychologiques, à la reconnaissance et au prestige qu'il faut accorder au métier de l'AJR afin que tous adhérent à ce qui est en définitive ni plus ni moins qu'un projet de protection des droits et libertés et de la sécurité juridique et judiciaire des personnes, des groupes et de l'Etat ainsi que de l'application de la loi constituant *« l'expression suprême de la volonté de la Nation. Tous, personnes physiques ou morales, y compris les pouvoirs publics, sont égaux devant elle et tenus de s'y soumettre »*, stipule l'article 6 de la constitution.

La détention de cette autorité confiée à l'AJR lui donne, bien sûr, quelques prérogatives ; elle donne surtout des devoirs : ceux d'assurer, en même temps, la meilleure défense des intérêts de l'Etat et le respect dû aux citoyens, en particulier lorsqu'ils sont des victimes.

ANNEXE

DAHIR DE 1953 PORTANT CREATION DE L'AGENCE JUDICIAIRE DU ROYAUME

EMPIRE CHÉRIFIEN

Protectorat de la République Française

AU MAROC

Bulletin Officiel

LE « BULLETIN OFFICIEL » PARAIT LE VENDREDI

Abonnements :

		ÉDITION PARTIELLE	ÉDITION COMPLÈTE
Zone française et Tanger	Un an...	1.100 fr.	2 200 fr.
	6 mois...	700 »	1.400 »
France et Colonies	Un an..	1.350 »	2 700 »
	6 mois...	900 »	1.600 »
Étranger	Un an...	2.300 »	4.600 »
	6 mois...	1.350 »	2 400 »

Changement d'adresse : 25 francs,
indiquer l'ancienne adresse ou joindre une bande.

L'édition complète comprend :

1° Une première partie ou édition partielle : *dahirs, arrêtés, ordres, décisions, circulaires, avis, informations, statistiques, etc.* ;

2° Une deuxième partie : *publicité réglementaire, légale et judiciaire* (immatriculation des immeubles, délimitation des terres domaniales et collectives, avis d'adjudication, d'enquête, etc.).

Les abonnements sont reçus à l'Imprimerie Officielle, avenue Jean-Mermoz, à Rabat.

Tous règlements doivent être effectués à l'adresse du Régisseur-comptable de l'Imprimerie Officielle (compte chèques postaux n° 101-16, à Rabat).

AVIS. — Il n'est pas assuré d'abonnement avec effet rétroactif. Les abonnements partent du 1er de chaque mois.

Prix du numéro :

Première ou deuxième partie .... 35 fr.
Édition complète .... 55 fr.

Années antérieures :
Prix ci-dessus majorés de 50 %

Prix des annonces :

Annonces légales, réglementaires et judiciaires — La ligne de 27 lettres : *90 francs*

(Arrêté résidentiel du 21 janvier 1952.)

Pour la publicité-réclame commerciale et industrielle, s'adresser à l'Agence Havas Marocaine, 128, rue de l'Aviation-Française, Casablanca.

Les annonces judiciaires et légales prescrites pour la publicité et la validité des actes, des procédures et des contrats pour toute la zone du Protectorat Français de l'Empire Chérifien doivent être obligatoirement insérées au "Bulletin Officiel" du Protectorat.

SOMMAIRE

Arrêté viziriel du 10 mars 1953 (23 joumada II 1372) relatif à l'application du dahir du 7 février 1953 (22 joumada I 1372) abrogeant et remplaçant le dahir du 8 février 1945 (24 safar 1364) créant un bien de famille marocain.

LE GRAND VIZIR,

Vu le dahir du 7 février 1953 (22 joumada I 1372) abrogeant et remplaçant le dahir du 8 février 1945 (24 safar 1364) créant un bien de famille marocain et notamment ses articles premier et 2 ;

Vu les arrêtés viziriels des 19 mai 1945 (6 joumada II 1364), 4 juillet 1945 (23 rejeb 1364) et 26 novembre 1945 (20 hija 1364) fixant la superficie du bien de famille marocain dans certaines régions et dans le cercle de Sefrou,

ARRÊTE :

ARTICLE PREMIER. — Les dispositions du dahir susvisé du 7 février 1953 (22 joumada I 1372) abrogeant et remplaçant le dahir du 8 février 1945 (24 safar 1364) sont applicables dans les régions visées aux articles premiers des arrêtés viziriels des 19 mai 1945 (6 joumada II 1364), 4 juillet 1945 (23 rejeb 1364) et 26 novembre 1945 (20 hija 1364), sous réserve de l'exception prévue au paragraphe 1er de l'article 2 de l'arrêté viziriel du 4 juillet 1945 (23 rejeb 1364).

ART. 2. — La superficie du bien de famille dans ces régions est fixée, à titre provisoire, conformément aux indications des arrêtés viziriels susvisés.

Fait à Rabat, le 23 joumada II 1372 (10 mars 1953).

MOHAMED EL MOKRI.

Vu pour promulgation et mise à exécution :

Rabat, le 21 mars 1953.

Le ministre plénipotentiaire,
Délégué à la Résidence générale,

J. DE BLESSON.

Dahir du 2 mars 1953 (15 joumada II 1372) portant réorganisation de l'agence judiciaire du Protectorat.

LOUANGE A DIEU SEUL !
(Grand sceau de Sidi Mohamed)

Que l'on sache par les présentes — puisse Dieu en élever et en fortifier la teneur !

Que Notre Majesté Chérifienne,

A DÉCIDÉ CE QUI SUIT :

ARTICLE PREMIER. — L'agent judiciaire, placé sous l'autorité du directeur des finances, est chargé :

1° De poursuivre le recouvrement des débets de l'État chérifien, des offices et établissements publics de l'État ainsi que de leurs créances étrangères à l'impôt et au domaine et ne comportant pas un mode spécial de recouvrement ou de poursuites ;

2° De poursuivre en justice, au lieu et place des chefs d'administration et directeurs compétents et, lorsque ceux-ci l'en chargent, la reconnaissance et la liquidation des créances de l'État, des offices et établissements publics de l'État étrangères à l'impôt et au domaine ;

3° De représenter en justice, comme défendeur, l'État chérifien, les offices et établissements publics de l'État au lieu et place des chefs d'administration et directeurs compétents, lorsque ceux-ci l'en chargent.

Chaque fois que l'action engagée devant les tribunaux a pour objet de faire déclarer débiteur l'État chérifien, l'une de ses administrations, un office ou établissement public de l'État dans une matière étrangère à l'impôt et au domaine, l'agent judiciaire doit être appelé en cause à peine d'irrecevabilité de la requête.

ART. 2. — L'apurement des débets et des créances que l'agent judiciaire a pris en charge est poursuivi, jusqu'à opposition de la partie intéressée, devant la juridiction compétente, au moyen d'un état de liquidation décerné par le service, l'office ou l'établissement intéressé et rendu exécutoire par le directeur des finances ou le fonctionnaire qu'il aura délégué à cet effet. Le recouvrement est effectué par les percepteurs, à la requête de l'agent judiciaire, dans les conditions fixées par le dahir du 21 août 1935 (20 joumada I 1354) portant règlement sur les poursuites en matière d'impôts directs, taxes assimilées, produits et revenus domaniaux et autres créances recouvrées par les percepteurs.

ART. 3. — Aucune remise totale ou partielle de débet ne pourra être accordée que par un arrêté viziriel publié au *Bulletin officiel* du Protectorat, sur rapport du directeur des finances.

ART. 4. — L'agent judiciaire ne peut transiger qu'après avis conforme d'un comité de contentieux réuni à la diligence du directeur des finances.

Le comité de contentieux est composé ainsi qu'il suit :

Le directeur des finances ou son représentant ;

Le conseiller juridique du Protectorat ou son représentant ;

Le directeur adjoint des finances chargé du personnel et du budget ou son représentant ;

Le chef du service des perceptions et recettes municipales.

ART. 5. — Les écritures et opérations de l'agent judiciaire sont soumises chaque année à la vérification du service du contrôle financier de la direction des finances.

ART. 6. — Sont abrogés les dahirs des 7 janvier 1928 (14 rejeb 1346), 18 décembre 1935 (21 ramadan 1354) et 6 mars 1938 (4 moharrem 1357) relatifs à l'agence judiciaire du Protectorat.

Fait à Rabat, le 15 joumada II 1372 (2 mars 1953).

Vu pour promulgation et mise à exécution :

Rabat, le 12 mars 1953.

Le Commissaire résident général,

GUILLAUME.

Dahir du 9 mars 1953 (22 joumada II 1372) portant abrogation de la carte de circulation spéciale pour les véhicules automobiles de démonstration des garagistes.

LOUANGE A DIEU SEUL !
(Grand sceau de Sidi Mohamed)

Que l'on sache par les présentes — puisse Dieu en élever et en fortifier la teneur !

Que Notre Majesté Chérifienne,

Vu le dahir du 22 avril 1935 (18 moharrem 1354) portant institution d'une carte de circulation spéciale pour les véhicules automobiles de démonstration des garagistes,

A DÉCIDÉ CE QUI SUIT :

ARTICLE UNIQUE. — Le dahir susvisé du 22 avril 1935 (18 moharrem 1354) est abrogé.

Fait à Rabat, le 22 joumada II 1372 (9 mars 1953).

Vu pour promulgation et mise à exécution :

Rabat, le 21 mars 1953.

Le ministre plénipotentiaire,
Délégué à la Résidence générale,

J. DE BLESSON.

TABLE DES MATIERES

Structures éditoriales du groupe L'Harmattan

L'Harmattan Italie
Via degli Artisti, 15
10124 Torino
harmattan.italia@gmail.com

L'Harmattan Hongrie
Kossuth l. u. 14-16.
1053 Budapest
harmattan@harmattan.hu

L'Harmattan Sénégal
10 VDN SICAP AMITIE 3
BP 45034 Dakar-Fann
direction@senharmattan.com

L'Harmattan Cameroun
Tsinga/Derrière polyclinique FECAFOOT
BP 11486 Yaoundé
Jacques.koukam@harmattan.fr

L'Harmattan Burkina Faso
Villa 281, secteur 23 623, rue 14.32
Ouagadougou
zagbie@outlook.fr

L'Harmattan Guinée
Almamya, rue KA 028 OKB Agency
BP 3470 Conakry
harmattanguinee@yahoo.fr

L'Harmattan RDC
185, avenue Nyangwe
Commune de Lingwala – Kinshasa
matangilamusadila@yahoo.fr

L'Harmattan Congo
219, avenue Nelson Mandela
BP 2874 Brazzaville
deunovmikhael@gmail.com

L'Harmattan Mali
Immeuble Mgr Jean Marie Cissé
Aci Hamadallaye
BP 145 Bamako
syllaka@yahoo.fr

L'Harmattan Togo
Djidjole – Maison Amela
face EPP BATOME
02 BP 20680 Lomé
didieramela11@gmail.com

L'Harmattan Côte d'Ivoire
Résidence Karl – Cité des Arts
Abidjan-Cocody
03 BP 1588 Abidjan
harmattan.ivoire@gmail.com

L'Harmattan Bénin
Rue 604, (Immeuble à l'entrée
de la rue UCAO- Cite de Saint-Jean)
Cotonou
stepcorpus@gmail.com

Nos librairies en France

Librairie internationale
16, rue des Écoles
75005 Paris
librairie.internationale@harmattan.fr
01 40 46 79 11
www.librairieharmattan.com

Librairie des savoirs
21, rue des Écoles
75005 Paris
librairie.sh@harmattan.fr
01 46 34 13 71
www.librairieharmattansh.com

www.ingramcontent.com/pod-product-compliance
Lightning Source LLC
LaVergne TN
LVHW021235061026
849535LV00008B/3057